Gabriella Baumann-von Arx

SOLO

Gabriella Baumann-von Arx

SOLO

Der Alleingänger Ueli Steck

Mit 16 Seiten Farbbildteil

MALIK NATIONAL GEOGRAPHIC

Mehr über unsere Autoren und Bücher:
www.malik.de

Bibliografische Information der Deutschen Nationalbibliothek
Die Deutsche Nationalbibliothek verzeichnet diese Publikation in der Deutschen Nationalbibliografie; detaillierte bibliografische Daten sind im Internet über http://dnb.d-nb.de abrufbar.

MALIK NATIONAL GEOGRAPHIC

Erweiterte Taschenbuchausgabe
1. Auflage November 2008
2. Auflage Juni 2011

Umschlagfotos: Robert Bösch
Fotos Bildteil: Robert Bösch (Fotos Himalaja: Ueli Steck)
Autorenfotos: Robert Bösch (Ueli Steck),
Wörterseh (Gabriella Baumann-von Arx)
Route Eiger-Nordwand: Schweizer Illustrierte / Nigel Simmonds
Satz: Buch-Werkstatt GmbH, Bad Aibling
Papier: Naturoffset ECF
Druck und Bindung: CPI – Clausen & Bosse, Leck
Printed in Germany ISBN 978-3-492-40341-2

Das Papier wurde aus chlorfrei gebleichtem Zellstoff hergestellt.

Inhalt

Ich finde, es gibt Träume, die es wert sind, etwas zu wagen.
Und ich finde, das Leben ist ein Traum.

Ueli Steck

DER EINSTIEG

Das linke Bein der Spinne in der Eiger-Nordwand hätte Ueli Steck im Sommer 2001 das Leben kosten können. Und dies, obwohl er nichts dem Zufall überlässt. Nicht, wenn er in den Alpen ohne Seil dreihundertfünfzig Meter durch den Fels steigt, nicht, wenn er in der Eiger-Nordwand eine neue Route einrichtet, und erst recht nicht, wenn er im Himalaja eine Solobegehung macht. Das östliche Spinnenbein konnte ihn nur deshalb nicht packen, weil Ueli Steck Panik zu verhindern weiß. Sich voll und ganz auf sein Können verlässt. Und einen unglaublichen Willen hat. Oder – ganz einfach – »e sture Gring«, wie die Berner sagen.

Von Ueli Steck sah und hörte ich zufällig. Völlig fasziniert saß ich vor dem Fernseher, vergaß zu atmen, realisierte, dass sich da einer in der Senkrechten so selbstverständlich vorwärtsbewegt, wie es ein Baby in der Waagrechten tut – oder dies zumindest versucht. Auf allen vieren. Und, das war das eigentlich Wahnsinnige: ohne Seil!

Ueli Steck ist einer, der, mit Körper und Geist der Erdanziehungskraft trotzend, glatte Felswände hochgeht, als hätte er Saugnäpfe an Fingern und Zehen. Als Sicherung einzig und allein Vertrauen. Vertrauen in seine Muskelkraft. Vertrauen in sich selbst. Vertrauen in seinen Kopf.

Wir treffen uns am Berner Hauptbahnhof. Fester Händedruck, wache dunkelblaue Augen, in denen der Schalk blitzt, als er merkt, dass ich ihn mir größer und muskelbepackter vorgestellt habe. Er wirkt unscheinbar. Erst sehr viel später, als er in einer Kletterroute nicht so vorwärtskommt, wie er will, und vor lauter stillem Ärger darüber sein T-Shirt auszieht, es in die Tiefe schmeißt und dann »oben ohne« klettert, erkenne ich, dass sein Körper kein Gramm Fett hat. Seine Muskeln sind nicht künstlich antrainiert, sondern im wahrsten Sinn des Wortes von der Natur geformt und zeichnen sich so unter der Haut ab, dass Michelangelo seine helle Freude gehabt hätte.

Was mir an ihm allerdings auch sofort auffällt, sind seine – wie er sagt – krummen Haxen. Formvollendete O-Beine, wie ich sagen würde, die Michelangelo dann vielleicht doch davon abgehalten hätten, ihn in Stein zu hauen. Er lacht, als ich ihn frage, ob die zum Klettern gemacht seien, meint, das könne er so nicht sagen, er habe sie von der Natur bekommen und akzeptiert.

Ich stelle andere Fragen. Viele. Bekomme Antworten. Kurze. Erkenne, dass der Neunundzwanzigjährige einiges zu sagen hätte, aber nicht viel redet. Er sei mit einem Buch einverstanden, gibt er mir zu verstehen, warnt mich aber gleichzeitig davor, dass er einer sei, der eigentlich lieber schweige. Ein Buch über einen Schweiger, über einen, der lieber handelt als redet? Lieber zuhört, als etwas von sich preisgibt?

Lange weiß ich nicht, ob ich es wagen soll oder nicht. Gebe mir Bedenkzeit, telefoniere oder maile ab und zu mit ihm. Versuche ihn zu lesen. So wie ein Bergsteiger, bevor er sich in eine Route begibt, den Berg, den Fels, das Eisfeld liest, um herauszufinden, ob es überhaupt eine Möglichkeit gibt, auf den Gipfel zu kommen. Und ich finde eine. Die einzige: Vertrauen. Und weil ich glaube, seines mit der Zeit gewinnen zu können, schenke ich ihm meines und beginne mit der Arbeit. Begleite ihn zu einem Vortrag, um dort definitiv zu entscheiden.

In der Mehrzweckhalle in der Lenk erzählt der gebürtige Emmentaler vor zahlreich versammeltem Publikum zwar einiges – das, was sein Können aber wirklich ausmacht, müssen die Zuschauer aus den vielen Pausen heraushören. Nie würde er von sich sagen, dass er im Dezember 2005 vom englischen Magazin »Climb« zu einem der drei besten Alpinisten Europas gewählt wurde. Nie, dass seine Leistungen herausragend sind. Seine Bescheidenheit ist schon fast unanständig. Aber ehrlich.

Genauso ehrlich wie die Aufmerksamkeit, die er den Menschen schenkt, als der Vortrag fertig ist. Nie würde er gleich zusammenpacken und gehen. Er ist einer, der bleibt. So lange, bis auch der letzte Zuhörer das loswerden kann, was er ihm privat sagen oder ihn unter vier Augen fragen will. Ueli bleibt dieses Mal bis nach Mitternacht, hört jedem zu, schweigt nicht, antwortet.

Als das Publikum ihn freigibt, geht Ueli zu den Bergführern, die gekommen sind. Er kennt sie alle. An einen Stehtisch gelehnt, reden sie über sein Können. Darüber, dass sie – auch wenn es sie noch so reizen würde und sie es sich bei gewissen Routen auch zutrauen würden – nie free solo in eine Felswand steigen würden. Der eine macht der Diskussion dann ein Ende mit: »Seien wir doch ehrlich, wir haben einfach nicht den Kopf dazu.«

Ueli ist der Einzige am Tisch, der die Bergführerausbildung nicht gemacht hat. Trotzdem wird sofort klar: Er ist unter seinesgleichen. Mit ihm sind es sechs. Sechs, die sich schon lange kennen. Alle mit großen Händen, kräftigen Fingern, die Haut von Wind und Wetter zerfurcht.

Wenn einer redet, hören die anderen zu. Unterbrochen wird nur das Schweigen. Nie kommt es vor, dass zwei gleichzeitig zum Sprechen ansetzen. Es sind Männer, die – obwohl sie die meiste Zeit führen – sich nicht in den Vordergrund drängen. Männer, denen ihre Frauen, da bin ich mir sicher, Gespräche über Gefühle Wort für Wort abringen müssen, die aber – auch das erkenne ich – absolut verlässliche Partner sind.

An diesem Tisch wurde mir klar, dass Ueli und ich vorankommen würden, und vor allem realisierte ich wie: Schritt für Schritt. Satz für Satz. Dazwischen immer wieder Schweigen.

Excalibur

Es gibt Menschen, die sagen, du spinnst.

Ich weiß.

Und?

Nun – (hier die erste von gegen achttausend langen Pausen) – nun, aus ihrer Sicht mag das stimmen. Ich selber sehe das anders.

Du spinnst nicht?

Nein.

Sondern?

Ich kalkuliere.

Du kalkulierst?

Ja, ich kalkuliere. Ich kalkuliere das Risiko.

Wenn du das Risiko kalkulierst, dann heißt das, dass du auch scheitern könntest. Warum schließt du es nicht ganz einfach aus und kletterst ganz normal mit Seil und Haken und im Klettergurt?

Das hat viele Gründe. Einer davon ist, dass sich das Risiko nie ausschließen lässt. Jeder von uns geht tagtäglich das »Risiko Leben« ein. Jeder, der die Straße überquert, kalkuliert vorher das Risiko. Ist ihm das Auto weit genug entfernt, entscheidet er sich zum Gehen. Ist es ihm zu nah, ist das Risiko zu groß, und er wartet ab.

Nun, eine Felswand hochzuklettern, die glatt wie Eis ist …

Eine Felswand ist nie glatt wie Eis! Sie hat Kanten, Griffe, Vorsprünge, Löcher, Risse.

Gut. Dann eben so: Eine Felswand hochzuklettern, die glatt scheint wie Eis, und das ganz ohne Sicherung – sei ehrlich, wie kalkulierbar ist so ein Risiko?

Bin ich nicht davon überzeugt, dass ich es schaffe, steige ich nicht ein; denn bin ich erst mal drinnen, gibt es – zumindest bei Excalibur – kein Zurück mehr.

Außer, wenn du fällst.

Außer, wenn ich falle, aber ich falle nicht.

Warum nicht?

Weil ich vorbereitet bin. Weil ich die Route im Schlaf kenne. Weil ich sie wieder und wieder gesichert geklettert bin und dabei die brüchigen Griffe abgeklopft habe.

Was so viel heißt wie, dass du sie entfernt hast?

Nein, das wäre ethisch nicht korrekt. Ich habe sie abgeklopft, um zu hören, wie sie klingen, und habe mir die gemerkt, welche hohl tönen, diese habe ich dann beim Klettern einfach nicht angefasst.

Trotzdem – du setzt dein Leben aufs Spiel.

Im Gegenteil, ich tue etwas ganz anderes: Ich lebe!

Also, ich weiß nicht, Ueli, ich …

Wäre am Morgen von Excalibur nur der kleinste Zweifel gewesen, ich wäre zu Hause geblieben und hätte Kaffee getrunken.

Aber du bist nicht zu Hause geblieben.

Nein, ich ging.

Du hast gewusst, dass du überlebst?

Glaubst du mir etwa nicht?

Ich muss dir glauben, denn sonst säßen wir heute nicht hier. Trotzdem – was, wenn du nicht zurückgekehrt wärst?

Dann hätte jemand gewusst, wo ich zu suchen bin.

Jemand?

Ein Freund. Frag nicht nach dem Namen. Der Einzige, den ich immer orientiere, wenn ich alleine klettern gehe. Ihm sagte ich, ich würde wieder an die Wendenstöcke gehen.

Hast du ihm gesagt, dass du free solo einsteigen wirst?

Nein, denn damit hätte ich nicht nur mich unter Druck gesetzt, sondern auch ihn absolut unnötig belastet. Verstehst du? Ich will niemanden damit belasten. Ich will nicht, dass sich jemand um mich sorgt. Auch dann nicht, wenn ich solo unterwegs bin.

Was ist der Unterschied zwischen solo und free solo?

Solo ist ein ganz anderer Stil als Free Solo. Solo bedeutet, man trägt einen Klettergurt, daran ist eine Bandschlinge befestigt und an dieser ein Karabinerhaken. Solo ist man zwar ohne Seil unterwegs, aber man hat immer die Möglichkeit, sich mit dieser Schlinge in einem Bohrhaken einzuhängen und auszuruhen. Kräfte zu sammeln, Armen und Beinen eine Erholung zu gönnen. Free Solo hingegen klettert man ohne Hilfsmittel, das heißt nur in Kletterfinken und mit einem Beutel Magnesium. Ist man solo, weiß man, dass Pausen möglich sind, dass man – im Extremfall – an einem Haken eingehängt, auf Rettung warten kann. Die psychische Anspannung bei Free Solo ist ungleich größer, weil bei diesem Stil die einzige Sicherheit die ist, die man in sich selbst findet.
Ich habe mich bei meinem Freund dann aber doch verraten, denn bevor ich aufhängte, sagte ich etwas, das ich zuvor noch nie gesagt habe, nämlich: »Und heute Abend, ich verspreche es, bin ich wieder zurück.« Er war ein armer Tropf.

Du kannst dir also vorstellen, dass man sich Sorgen um dich macht?

Klar! Ich würde mir, wenn ich wüsste, dass ein Kollege von mir eine Route free solo klettern will, auch Sorgen machen. Das würde mich sogar sehr beschäftigen. Logisch! Deshalb muss man es vorab auch niemandem sagen, denn sich Sorgen zu machen bringt nichts und hilft niemandem weiter. Im Gegenteil.

Warum dann die Andeutung bei diesem Freund?

Das war grundlegend, ich wollte …

… eine Absicherung?

Absicherung? Nein! Es gibt bei free solo keine Absicherung. Es ging mir lediglich darum, dass man nicht das ganze Berner Oberland nach mir hätte durchforsten müssen. Das wäre ja blöd gewesen.

Den ersten Anruf bekam danach deine Freundin Nicole – warum nicht dein Freund?

Ich musste erst ihre Stimme hören, dann – ich hatte ihn nicht vergessen – schrieb ich ihm per SMS zwei kurze Worte.

»Bin zurück«?

Genau.

Und – wie hat er reagiert?

Er schrieb zwei kurze Worte zurück.

»Bin froh«?

Nein: »Okay, gut«.

Sag mal, warst du ein wildes Kind?

Wild? Nein, eher ruhig. Aber Auslauf brauchte ich schon immer.

Hast du von Excalibur geträumt, bevor du free solo eingestiegen bist?

Nie.

Und danach?

Nein. Vor dem Einschlafen, da bin ich die Route wieder und wieder und wieder, immer wieder in Gedanken gegangen, habe jeden

Griff, jeden Tritt, jeden Vorsprung durchgespielt. Aber geträumt? Nein, geträumt habe ich von Excalibur nie.

War Excalibur free solo selbst ein Traum?

Excalibur ist ganz einfach eine der schönsten Routen, die es gibt. Excalibur heißt nicht nur die Route, sondern auch der ästhetische Pfeiler, der in der Südwand der Wendenstöcke im Berner Oberland in den Himmel ragt. Excalibur ist ein Klassiker, es ist die erste Route, die an diesem Pfeiler erschlossen wurde. Sie ist nicht wahnsinnig schwer. Abgesehen von ein paar risikoreichen Stellen, wo es extreme Felsplatten hat. Von meinen Fähigkeiten her konnte ich diese Route ohne große Probleme klettern. Ganz abgesehen davon, hat mich nicht ihr Schwierigkeitsgrad gereizt, sondern ihre fantastische Linie.

Du bist an einem Dreizehnten eingestiegen …

Hätte ich vorher gewusst, dass dieser Morgen, es war ein Sonntag im Juni 2004, die Dreizehn trägt, ich hätte – abergläubisch, wie ich ein kleines bisschen bin – mein Vorhaben verschoben. Rückblickend gesehen ist klar, dass ich diesen Tag nicht mit Unglück verbinden konnte, denn da war null Raum, um an Daten zu denken. Stunden – nein, wohl eher Tage – zuvor, genauso wie Tage danach, befand ich mich in einer Art Vakuum. Nicht weggetreten! Im Gegenteil – sehr nah bei mir. Ich atmete, ich zog mich an, ich aß, ich trank, ich fuhr Auto, ich hängte mir den Magnesiumbeutel um, ich zwängte meine Füße in die Kletterfinken – den rechten übrigens immer zuerst. Egal, was für Schuhe, ich ziehe immer den rechten zuerst an.

Wegen dem Aberglauben?

Genau. Wäre ich an diesem Morgen aus Versehen zuerst in den linken geschlüpft, ich hätte alles abgeblasen. Meine Gedanken waren in einer Art und Weise von meinem Vorhaben absorbiert, wie ich das kaum für möglich gehalten hätte. Es gab für nichts anderes mehr Raum. Da waren nur noch die Route und ich.

Und ein bisschen Angst?

Nein, keine Angst. Ich wusste, es gelingt. Ich hatte mich seriös auf Excalibur vorbereitet. Ich konnte mich auf mich verlassen. Und damit wirklich nichts schieflief, machte ich dem Berg ein Geschenk.

Warum lächelst du?

Weil er es angenommen hat.

Erzähl.

Als ich 2002 in den Himalaja fuhr, um eine Wand zu klettern, die noch nie jemand zuvor geklettert war, bekam ich von Martin, einem befreundeten Goldschmied, einen Glücksbringer, den ich mir um den Hals hängte. Er war aus Jade und ähnelte einem peruanischen Amulett.

Und – hat er dir damals Glück gebracht?

Ich war zwar nicht erfolgreich, kam aber heil nach Hause, insofern hat er mir großes Glück gebracht.

Es hätte also auch anders herauskommen können?

Das kann es, bei dem, was ich mache, immer. Vor allem, wenn man in eine anspruchsvolle Wand einsteigt, die zuvor noch niemandem geglückt ist.

Wie heißt sie?

Jannu-Nordwand, sie misst dreitausend Meter! Der Jannu selbst ist 7710 hoch. Wir mussten auf 6600 Metern umkehren.

Wir?

Ich war mit dem Schweizer Extremalpinisten Erhard Loretan unterwegs.

War die Wand zu schwierig?

Sie ist mit »extrem schwierig« bewertet, aber wir waren gut vorangekommen. Es war der Schneefall, der uns zur Umkehr zwang.

Half dir der Glücksbringer dabei, nichts zu erzwingen?

Wer im Himalaja etwas erzwingen will, überlebt nicht – Glücksbringer hin oder her.

Und nun haben ihn also die Wendenstöcke.

Ja, ich hatte das Amulett, bevor ich in Excalibur einstieg, am Wandfuß, in einer kleinen Höhle im Fels deponiert. Als ich zurück war, ließ ich es – als Dankeschön, dass alles so gut gegangen war – ganz bewusst dort zurück. Jedes Mal, wenn ich später raufkam, schaute ich bei ihm vorbei, und eines Tages war es nicht mehr da.

Gestohlen?

Nein, bestimmt nicht. Der Wind hat es mitgenommen.

Traurig darüber?

Nein, im Gegenteil. Ich habe damit gerechnet, dass es eines Tages weggeweht werden würde, sonst hätte ich es irgendwie befestigt. Aber das wäre weder cool noch fair gewesen.

Stimmt, man sollte niemanden anbinden.

Und niemand sollte sich anbinden lassen.

Schon gar nicht ein Glücksbringer.

Ich bin sicher, er beschützt mich nach wie vor.

Beruhigend zu wissen.

Ja.

Wie kann man free solo trainieren?

Zuerst boulderte ich, das ist Klettern in Absprunghöhe.

Unangebunden?

Richtig! Als ich mich sicher fühlte, ging ich einen Schritt weiter, das heißt in den Klettergarten, wo die Routen eine Seillänge, also zwischen zwanzig und dreißig Meter, lang sind. Immer am frühen Morgen, damit mich niemand sah, ich also niemanden erschrecken konnte. Zuerst kletterte ich gesichert hoch, inspizierte alles, seilte ab und kletterte die Route dann erneut. Ungesichert.

Und wie kamst du wieder runter?

Ich hatte alles so vorbereitet, dass ich mich abseilen konnte.

Warum hast du überhaupt damit begonnen, jetzt mal abgesehen vom Unangebundensein?

Ich wusste, ich konnte ohne Sicherung klettern, also musste ich es auch ausprobieren. Und je sicherer ich mich fühlte, desto mehr spürte ich, dass nicht nur mein Körper, sondern auch meine Psyche mithält.

Und desto logischer wurde der Schritt hin zu längeren Routen?

Genau. Und da kam mir die Route Silberfinger in den Sinn. Sie befindet sich am Simelistock in den Engelhörnern, auch im Berner Oberland. Ihre sieben Seillängen bin ich das erste Mal mit sechzehn Jahren geklettert. Zusammen mit einem Freund und mit sehr viel Respekt. Die Route verläuft fast senkrecht und ist sehr exponiert. So schwierig waren wir in Mehrseillängen noch nie geklettert, was unseren Adrenalinspiegel zusätzlich erhöhte. Wir standen schon um sieben Uhr am Wandfuß, waren beide sehr nervös und tief beeindruckt von den Hakenabständen – wir mussten zum Teil sieben Meter über den letzten Haken hinausklettern, bevor wir unser Seil wieder in eine Zwischensicherung einhängen konnten. Stürzt man bei solchen Abständen vor dem Einhängen, fällt man gleich die doppelte Länge, mit der Seildehnung also rund fünfzehn Meter, ins Seil. Wir kriegten alles sturzfrei hin. Nach vier Stunden standen wir auf dem Gipfel. Glücklich. Zufrieden. Stolz. Und etwas durchfroren, denn die Sonne war auch um elf noch nicht in der Wand. Silberfinger war damals ein persönlicher Meilenstein, und es war eine logische Fortsetzung, in dieser Route noch einen weiteren zu setzen.

Free solo?

Ich schränkte das Risiko am Anfang ein. Kaspar, ein Freund, half mir dabei. Er sicherte mich, während ich Seillänge um Seillänge genauestens inspizierte, bei jedem Stand seilte er mich ab, ich zog den Klettergurt aus, er zog ihn hoch, ich kletterte free solo nach, stieg wieder in den Klettergurt, inspizierte die nächste Seillänge und so weiter. Bevor wir nach Hause gingen, deponierte ich oben, am Ausstieg, ein Seil, einen Klettergurt, einen Karabiner und einen Abseilachter. Kaspar ahnte wohl, warum, aber wir redeten nicht darüber. Ich ließ es auch für mich völlig offen, es hätte auch sein können, dass ich es nicht durchziehe. Druck aufsetzen bringt nichts. Zwei Tage später stieg ich free solo ein. Wieder daheim, realisierte ich, wie irrational die Psyche funktioniert. Obwohl Kaspar zwei Tage zuvor kaum eine Chance gehabt hätte, mich aus einer Notsituation zu befreien, habe ich mich anscheinend doch auf ihn verlassen, denn mit ihm in der Wand war ich die Sache viel lockerer angegangen. Weder Anspannung noch Stress waren zu vergleichen. Ganz abgesehen von den Emotionen! Mit Kaspar auf dem Gipfel zu stehen war gut. Für das Gefühl, free solo durch die Wand geklettert und danach allein auf dem Gipfel gewesen zu sein, finde ich noch heute keine passenden Worte. Weder »wunderbar« noch »wahnsinnig« würde diese Empfindung treffen. Es war – wohl gerade weil mir diese Route Jahre zuvor so viel abverlangt hatte – einfach ein großer Schritt in meiner persönlichen Entwicklung.

Warum gab es nach Silberfinger keinen Medienrummel?

Weil ich es für mich behielt.

Warum?

Silberfinger war nur ein Zwischenziel zu Excalibur.

Ist Excalibur schwieriger?

Vom Schwierigkeitsgrad her sind Excalibur und Silberfinger gleich bewertet. Aber Excalibur ist mit dreihundertfünfzig Metern fast doppelt so lang wie die Route Silberfinger, die zweihundert Meter misst. Und sie ist viel risikoreicher. Der Fels, steinharter Kalk – oft nur glatte Felsplatten –, weist an vielen Stellen nur millimeterbreite Leisten auf, die Risse sind fein, man ist immer und vor allem neun Seillängen lang ausgesetzt. Es gibt Stellen, die absolute Konzentration erfordern. Mit anderen Worten: Trotz Silberfinger war ich noch lange nicht für Excalibur gerüstet.

Obwohl beide gleich hoch bewertet sind?

Ja, beide mit sieben, wobei …

Sieben?

Die Anforderungen einer Kletterroute werden über eine Bewertungsskala definiert. Bei uns wird oft noch die UIAA-Skala eingesetzt, die bei eins beginnt und nach oben offen ist.

Wer bewertet die Routen?

Der, der sie einrichtet, macht einen Vorschlag. Mehr oder weniger stimmt es dann so, wobei dem einen eine Route besser liegen kann als einem anderen. Alte Routen sind im Vergleich zu heute oft streng bewertet.

Also schwieriger?

Sagen wir, realistischer. Bis Anfang der Siebzigerjahre reichte die Skala übrigens nur bis zum sechsten Grad. Mit besserem Training und neuer Ausrüstung, konnte sie immer höher geschraubt werden.

Und wo hört die Skala heute auf?

Momentan klettert niemand mehr als 11+. Wobei einer, der 11+ klettert, nicht jede 11+ schafft. Die eine Route ist auf Ausdauer angelegt, die andere extrem überhängend, die dritte hat unglaublich kleine Griffe – jede Route hat ihre Spezialität. Die Abstufungen sind objektiv nicht messbar, sind aber subjektiv sehr wohl spürbar. So empfindet nicht jeder Kletterer eine 6+ als 6+, und auch eine 10 ist subjektiv gesehen nicht immer eine 10.

Ist schon jemand außer dir Excalibur free solo geklettert?

Nein, niemand.

Was ist das Schwerste, das du je geklettert bist?

Eine 10+ kann ich, wenn ich gut trainiert bin, Rotpunkt klettern. Eine 10- klettere ich regelmäßig.

Rotpunkt bedeutet, du kletterst die Route, mit Seil, in einem Zug durch, ohne je die Sicherungspunkte zu belasten. Wie hast du dich auf Excalibur vorbereitet?

Mein Trainingsprogramm glich einer Pyramide, deren Spitze eine 9- free solo war. Im Klettergarten!

Wie schwierig ist eine 9-, kann man das in Worten beschreiben?

Wörtliche Definitionen gibt es keine guten. Ich kann aber sagen, dass der zehnte Grad bedeutet, dass sich ein Nichtkletterer keine Sekunde am Fels halten könnte, ein guter Kletterer keine Chance hat weiterzukommen und nur der erfolgreich ist, der über recht beachtliche Fähigkeiten verfügt. Darunter liegen 10-, 9+, 9 und dann eben die 9-. Reinhold Messner gab einmal folgende Erklärung ab: 1, sagte er, entspreche dem Begehen einer steilen Treppe, 10 dem Klettern an einer Raufasertapete.

Und du hast also eine 9- free solo geklettert, was wohl einer verputzten Wand entsprechen würde.

So in etwa. Eine 9- ist schon recht schwierig. Zu dem Zeitpunkt kletterte ich, gesichert, regelmäßig im zehnten Grad und rechnete mir aus, dass es möglich sein sollte, eine 9- free solo zu klettern. Nicht von heute auf morgen! Wie gesagt, 9- war die Spitze meiner Trainingspyramide, deren Aufbau in vierzig Routen 6+, dann dreißig 7, dann fünfundzwanzig 7+, dann zwanzig 8, dann zehn 8+ und schließlich drei 9- bestand.

Free solo?

Immer nur eine Seillänge …

Also immer nur zwanzig bis dreißig Meter.

Ja, und frühmorgens, um alleine zu sein. Nach diesen drei 9- spürte ich die Kontinuität, die ich wollte, um mich an Excalibur heranzuwagen. Ich ging zuerst mit dem Seil. Wieder und wieder. Ich lernte die dreihundertfünfzig Meter kennen, ich klopfte den Fels nach losen Stellen ab, eines Tages deponierte ich ein Seil, meinen Klettergurt, einen Karabiner und einen Achter beim Ausstieg und wusste, jetzt ist der Moment gekommen, wo ich jederzeit einsteigen kann, falls ich es will. Danach ging ich ein paar Mal an den Wandfuß und kletterte die Route. Mit Seil. Und dann, eben am 13. Juni, wusste ich einfach, heute funktioniert es. Ich wärmte mich auf, kletterte die erste Seillänge mit dem Seil, spürte, es läuft. Es klettert. Es stimmt. Ich seilte ab, zog den Klettergurt aus, machte in meinem Biwak Kaffee, ging die Route im Kopf durch, spürte meine Ruhe. Wann ich zeitlich losging, wann ich oben ankam, wann ich wieder am Wandfuß stand, all das kann ich unmöglich sagen. Zeit existierte nicht. Ich war nur auf das Klettern fixiert. Auf den Moment.

Befandest du dich in einer Art Trance?

Nein, ich war einfach konzentriert. So fokussiert, dass kein anderer Gedanke mehr möglich war. Es darf in solchen Situationen nur den Moment geben, das Jetzt, sonst ist es viel zu gefährlich. Nach drei, vier Zügen wusste ich, ich bin völlig auf dem Punkt.

Hast du ein Vorbild?

Nein, kein Vorbild, aber einen, um den es mir sehr leidtut, dass er tot ist. Wolfgang Güllich.

Wer war er?

Er war einer der ganz großen Pioniere in der Sportkletterei, hob das Niveau, setzte neue Klettermaßstäbe. 1981, er war damals einundzwanzig Jahre alt, eröffnete er die erste Route im Alpenraum im achten Grad. Drei Jahre später war er der erste Mensch, der den zehnten Grad kletterte. Gesichert, das schon, aber für die Sportkletterei war das ein Riesenschritt. Im Oktober 1986 durchstieg er im kalifornischen Yosemite eine Route im achten Grad free solo. Darin gab es ein sechs Meter langes Granitdach, und das zweihundert Meter über Boden. Im April 2004 kletterte der deutsche Diplomphysiker und Bergführer Alexander Huber, der jüngere der beiden in Kletterkreisen sehr bekannten Huber-Brüder, die der Sportkletterei immer wieder neue Highlights aufsetzten, dann eine 10+ free solo. Die Route trägt den Namen »Kommunist«.

Lebt er noch?

Alexander und auch sein Bruder Thomas erfreuen sich bester Gesundheit, genauso wie der Franzose Alain Robert, der momentan die Wolkenkratzer dieser Welt free solo begeht.

Was ist mit Wolfgang Güllich passiert – hat er sich überschätzt?

Vielleicht, allerdings nicht als Kletterer. Auf eine Interview-Frage, warum er so lebensmüde Unternehmungen eingehe, hat er einmal geantwortet: »Das Argument ›lebensmüde‹ lässt sich am leichtesten widerlegen. Denn in keiner anderen Lebenssituation bist du so lebenshungrig, lebst und empfindest du so intensiv, kämpfst und verteidigst du dein Leben so hartnäckig gegen ein Risiko, das zwar objektiv besteht, das du aber subjektiv hundert Prozent in der Hand hast. Denn wochen- und monatelang hast du dich psychisch und physisch mit diesem Stück Weg im Fels auseinandergesetzt.« Er starb 1992, als er auf der Autobahn am Steuer seines BMW einschlief. Der Tod passiert. Irgendwann. Entrinnen kann ihm keiner. Davor aber ist das Leben. Wir sollten dem Leben mehr Aufmerksamkeit schenken als dem Tod.

Hast du bei Excalibur nie an den Tod gedacht?

Nie – da war schlicht kein Platz. Die Möglichkeit des Scheiterns war ausgeschaltet. Tod existierte nicht, was existierte, war das volle

Leben. Ich setzte mich mit dem Moment, mit mir selbst und mit dem, was ist, auseinander. Ich hatte zum einen das Problem der Länge der Route, denn je mehr Seillängen sich aneinanderreihen, desto höher muss die Fähigkeit sein, sich zu konzentrieren und sich nicht zu verkrampfen. Außerdem gab es ja auch noch diese beiden etwas heiklen Passagen.

Was für heikle Passagen?

Es gab zwei Stellen, Schlüsselstellen, von denen ich wusste, die fordern mir alles ab. Bei der einen finden die Hände nur in seitlichen Leisten, also in kleinsten, glatten Felsvorsprüngen, Halt, und man klettert ausschließlich auf Reibung.

Was heißt »auf Reibung«?

Kletterfinken haben eine spezielle, sehr glatte und doch griffige Gummisohle, und manchmal, wenn weder Tritt noch Vorsprung vorhanden sind, halten die Füße nur dank der Tatsache, dass der Gummi durch den Druck auf die Zehen Reibung auf dem Fels erzeugt. Ich musste also meine ganze Kraft in die Füße legen und – fast noch wichtiger – ich durfte keine Hundertstelsekunde zögern. Die kleinste Unsicherheit – und schon ist der Fuß weg. Und rutscht der Fuß weg, fehlt der Gegendruck und ich stoße mich regelrecht selbst von der Wand ab. Als ich an diese Stelle kam, wusste ich ganz genau, dass es tipptopp klappen würde. Und so war's dann auch: Fuß platzieren, ganze Kraft hineinlegen, spüren, wie der Gummi am Fels klebt. Sich darauf verlassen. Dann mit den Armen ziehen. Mit den Beinen stoßen. Und weiter. Weiter. Immer weiter. Das war die erste heikle Passage.

Und die zweite?

Oben, fast ganz oben, gibt es einen Quergang, in welchem der Berg alles von mir forderte. Die Füße mussten hoch positioniert werden, und mit den Händen musste ich mich rüberdrücken, was eine völlig instabile Position ergab. Rutscht in einer solchen Situation der Fuß weg, bin auch ich weg. Beide Schlüsselstellen kletterte ich mit mehr Kraftaufwand und von der Bewegung her deutlich aufwendiger, als wenn ich mit dem Seil unterwegs gewesen wäre, weil sie mir dadurch sicherer erschienen. Bei allen anderen Zügen fand ich Ausgangspositionen und Lösungen, bei denen ich mich immer wieder in einer stabilen Position befand und ich mich, wäre etwas schiefgelaufen, noch hätte halten können.

An einem Finger?

Nein, an zweien! Mindestens.

Beruhigend! Sag mal, hast du nie feuchte Hände?

Doch, wenn ich im Nachhinein die Bilder sehe.

Wenn du die Bilder siehst – warum?

Weil ich mich dann in die Lage des Kletterers versetze.

Und du dann realisierst, wie dünn das Seil ist, auf dem du balancierst?

Auf einem dünnen Seil balanciere ich ab und zu tatsächlich, um mein Gleichgewicht zu schulen. Allerdings nur etwa zwanzig Zentimeter ab Boden. Röbi Böschs Bilder lösen beim Betrachter einfach etwas aus, sogar bei mir als Protagonist. Beim Klettern brauche ich knochentrockene Haut – ohne Magnesium wäre ich nie in Excalibur eingestiegen.

Hattest du kein flaues Gefühl im Magen?

Nein, weder davor noch danach. Der Körper war einfach extrem angespannt – wie extrem, das realisierte ich erst im Nachhinein. Hätte ich die Anspannung gespürt, wäre ich nicht mehr frei gewesen, um das zu tun, was ich tun musste: klettern. Danach war ich wochenlang fix und fertig. Nicht physisch. Aber psychisch spürte ich es ungemein. Die Psyche ist am schwierigsten zu kalkulieren.

Wie kalkuliert man die Psyche?

Ich versuchte es so: Ich erledigte, was ich erledigen konnte. Klopfte, wie schon gesagt, auf brüchige Griffe, klangen sie hohl, traute ich ihnen nicht. Ich trainierte meinen Körper so, dass ich mich auf die Kraft in Armen und Beinen und auf meine Körperspannung verlassen konnte und darauf, dass weder ein Muskelkrampf noch eine Überbeanspruchung mir einen Streich spielen würden. Ich kletterte die Route fünfmal mit Seil. Ich wusste also, welche Bewegungen es brauchte, um perfekte Züge hinzukriegen, und war mir sicher, dass mir die Füße nicht wegrutschen würden. All das half mir, viele Risikofaktoren abzuhaken. Das heißt, von da an musste ich an all diese Komponenten nicht mehr denken. Sie waren erledigt!

Aber was, wenn sich doch plötzlich ein leiser Zweifel eingeschlichen hätte?

Free solo verzeiht auch den leisesten Zweifel nicht. Physisch hatte ich eine fast absolute Sicherheit. Psychisch – das muss ich zugeben – wusste ich, dass ein Restrisiko bleibt. Du kannst in deinem Kopf wissen, dass du, wenn du die Route hundertmal mit Seil geklettert und nie gefallen bist, auch beim hundertundersten Mal nicht rausfällst. Und doch – möglich ist es. Ein ganz klein wenig ist es immer möglich. Aber daran dachte ich nicht, ich beschäftigte meine Psyche mit anderem, erinnerte mich – bevor ich einstieg – an die guten Erlebnisse, die ich free solo im Klettergarten gehabt hatte, und dass ich, auch in ungleich schwierigeren Seillängen, nie die Nerven verloren hatte.
Definitiv beruhigte ich mich psychisch, indem ich, wie schon erwähnt, die erste Seillänge, die sehr anspruchsvoll ist, probehalber mit Seil kletterte, was super lief. Damit hatte mein Hirn die Nahrung, die es brauchte: Alles im grünen Bereich, heute ist der perfekte Tag.

Was genau reizte dich?

Die Überzeugung zu spüren, dass es geht. Dass es ohne Wenn und Aber geht. Mich auf mich zu verlassen. Auf niemanden sonst. Die Unmöglichkeit, zu fallen. Die Möglichkeit, zu fliegen.

Fliegen?

Ja, es war wie Fliegen.

Das muss mit der Leichtigkeit zu tun haben, mit der du dich im Fels bewegst. Als ich dich im Film in der Route Excalibur sah, schien mir, dass die Leichtigkeit deiner Bewegungen der von Luft ganz nah kommt, weich, sicher, unverkrampft und dabei absolut kontrolliert.

Die Kontrolle ist sicher am präzisesten, wenn ich free solo klettere. Alles um mich herum versinkt, mein Gesichtsfeld entspricht dem eines kleinen Fensters und gibt mir lediglich den Blick auf die nächsten zwei, vielleicht drei Züge frei.

Was wie vielen Metern entspricht?

Drei bis vier. Ich schaute rauf, memorierte die kommenden Bewegungsabläufe, wusste genau, ob ich mich total zusammennehmen musste oder ob ich die Arme kurz ausschütteln und die nächsten Züge locker angehen konnte. Kamen Passagen, die anspruchsvoll waren, lief dann alles nicht nur kontrolliert, sondern vollautomatisch ab: vollen Druck auf den linken, dann auf den rechten Fuß. Die Finger in den nächsten Griff schrauben. Ziehen. Stoßen. Und – weiter. Dieses Fenster im Kopf war deshalb so wichtig, weil es mir verunmöglichte, weiter als die nächsten paar Meter vorauszudenken.

Was, wenn du weiter vorausgedacht hättest?

Dann hätte ich meinem Kopf alle schwierigen Stellen aufs Mal zugemutet und damit viel zu viel. Ich hätte den Moment verloren, hätte mich verloren – und das im wahrsten Sinn des Wortes.

Neun Seillängen sind lang – konntest du Pausen einlegen?

Nein.

Hast du runtergeschaut?

Nie! Warum auch? Es geht nicht runter – es geht nur rauf! Dort oben, ganz oben, dort ist das Ziel. Um dort hinzugelangen, gehe ich einen Weg, und auf diesem Weg zählt nur das Jetzt. Jetzt bin ich hier. Jetzt hier. Viele – auch gute – Kletterer haben Angst vor einem Sturz ins Seil. Oder kriegen Angst, wenn der nächste Haken weit weg scheint. Kommt die Angst, konzentriert man sich nicht mehr auf die Bewegungen, nicht auf die Stelle, an der man ist, klettert man nicht mehr im Jetzt, sondern befindet sich schon im Später, was dann oft zum Sturz führt.

Du meinst, wenn die Gedanken nicht vorauseilen, könne nichts passieren?

Ich meine nicht, ich weiß es. Gedanken, die vorauseilen, sind verschwendete Gedanken, weil unnötig. Die Zukunft kommt. Sehr oft ist sie abhängig von der Gegenwart. Und je bewusster wir in der Gegenwart das Richtige tun, desto besser schaut die Zukunft aus. Was ich heute mache, bestimmt, was morgen sein wird. Habe ich jetzt Angst, stürze ich. Habe ich jetzt keine Angst, klettere ich. Einmal kletterte ich übrigens ganz unfreiwillig free solo. Ich war damals in Kanada und unterrichtete in einem Klettergarten Anfänger, sie kletterten Top Rope.

Will heißen, dass das Seil am Ende der Kletterroute durch einen Karabiner lief und sie nichts einhängen mussten. Nur klettern.

Genau. Eine der Teilnehmerinnen machte ihre Sache gut, schaffte es gleich beim ersten Anlauf, die ganzen fünfundzwanzig Meter hochzuklettern, und wollte es oben perfekt machen.

Sie war oben, also konnte sie nur noch perfekt abseilen!

Sie löste den Schraubkarabiner und nahm das Seil aus dieser einzigen Sicherung heraus. Dies, obwohl sie ganz genau wusste, dass dies absolut verboten war. Sie hatte wohl einfach ein Blackout.

Hoppla.

Das Gute war, dass sie überhaupt nicht realisierte, dass sie nirgends mehr gesichert war. Ich begann sofort mit ihr zu sprechen, sagte, sie habe alles super gemacht, aber etwas wolle ich ihr, bevor sie runterkomme, noch schnell zeigen. Ich bat sie, zu warten, einfach zu warten, ich käme schnell rauf. Während ich kletterte, sprach ich ununterbrochen mit ihr, damit sie auf mich konzentriert blieb. Erst als ich ihr Seil wieder eingehängt und den Karabiner fest zugeschraubt hatte, hörte ich mit einem erleichterten »So!« auf zu reden und atmete durch. Sie hat gar nie richtig realisiert, dass ihr Leben nicht einmal mehr an einem seidenen Faden gehangen hat.

Hast du jemals Mentaltraining gemacht?

Das Wesentliche und Wichtigste ist, sich auf sich verlassen zu können. Du hast ein Ziel, das du erreichen willst, du musst deine Stärken und Schwächen richtig einschätzen, du solltest wissen, was dich kümmern und was dich nicht kümmern muss, und dann kannst du fokussieren – dazu braucht es kein Mentaltraining.

Sondern?

Selbstkritik und Wille.

Hast du den in der Schule auch schon an den Tag gelegt?

Den Willen? Wenn es darum ging, Eishockey zu spielen, ja, wenn es darum ging, Französisch zu büffeln, nein.

Und in deiner Lehre als Zimmermann?

Manchmal brauchte es Durchhaltewillen, weil ich ja lieber an Felsen als auf Dachbalken rumgeklettert wäre. Aber es war schon okay. Ich mochte die Arbeit, auch wenn es oft genügte, sie einfach gut zu machen. In den Bergen reicht »gut machen« nie aus. Es ist wohl auch das, was mich reizt.

Perfekt zu sein?

Für diesen einen Moment, für diese zwei Stunden. Ja.

Bist du ein Held?

Ein Held? Nein. Um Himmels willen, nein! Ein Held ist einer, der nicht an sein eigenes Leben denkt, wenn er ein anderes rettet; das ist ein Held.

Macht die Perfektion unbesiegbar?

Vielleicht – in diesem Moment –, warum nicht? Ich wusste, dass meine spezifischen Fähigkeiten für Excalibur ausreichten, und war felsenfest davon überzeugt, dass ich oben aussteigen würde. An diesen Punkt zu kommen, das ist genial.

Wie konntest du so sicher annehmen, dass die Psyche mitspielt?

Es ging mir gut an diesem Morgen. Alles war im Lot. Ich war ausgeschlafen, ich hatte meinen Kaffee getrunken …

Ohne Kaffee geht nichts?

Ich liebe Kaffee, und es war wichtig, dass ich eine Tasse davon hatte an diesem Morgen, weil es erst dann so wie immer war. Genau dort beginnt die Beeinflussung der Psyche. Ist es nicht so wie immer, kann sich ein schlechtes Gefühl einschleichen.

Das Ritual als Leitplanke?

Rituale bringen Ruhe, setzen Werte. An Ritualen kann man sich festhalten. Wie gesagt, es ist für mich unheimlich wichtig, immer den rechten Schuh zuerst anzuziehen, das hilft mir, mein inneres Gleichgewicht zu stabilisieren. Auch das Kaffeetrinken ist ein Ritual für mich. Ich wusste, ich bin gut aufgestanden, ich habe meinen Kaffee gehabt, ich bin zufrieden. Ich habe mich aufgewärmt, die erste Seillänge lief super mit dem Seil. He! Jetzt oder nie.

Würdest du es noch einmal wagen?

Im Moment zweifle ich, ob ich diese Route noch einmal free solo klettern könnte. Um ehrlich zu sein, ich glaube es nicht. Möchte es aber auch nicht, es war perfekt. Repetition mag ich nicht.

Aber du klettertest Excalibur dann doch ein zweites Mal free solo, um deine Leistung zu vermarkten.

Nun, das war eine ganz andere Geschichte. Als ich Röbi fragte, ob er ein paar Fotos von mir in dieser Route machen wolle, fädelte er –

ganz der Profi, der er ist – neben einer Fotogeschichte für das Nachrichtenmagazin »Facts« gleich noch einen Film für das Schweizer Fernsehen ein. Danach kam dann die große Frage, wie wir die Sache angehen. Wie wir das dann realisiert haben, das hatte mit free solo nicht mehr wirklich viel zu tun.

Wieso nicht? Nur schon beim Gedanken an die Bilder bricht mir der kalte Schweiß aus.

Natürlich kletterte ich bestimmte Passagen ungesichert, aber diesmal mit dem größtmöglichen Sicherheitspotenzial. Das wäre ja wohl das Dümmste gewesen, beim Fotografiertwerden abzustürzen. Ich kenne Röbi, der Bergführer ist, schon seit Jahren, vertraue ihm voll. Wir haben stundenlang zusammen telefoniert, bis wir genau wussten, wie wir die Sache angehen würden. Es musste ja nicht nur für mich stimmen, es musste genauso für ihn okay sein.

Und, wie seid ihr die Sache dann angegangen?

Ich zog unter der Hose einen ganz dünnen Klettergurt an, an welchem ich alles, was ich nicht brauchte, abschnitt. In den Gurt führte ich eine Bandschlinge ein, die zum Hosenbund herausschaute und an die ich einen Karabiner hängte. Beides – Bandschlinge und Karabiner – versteckte ich unter dem T-Shirt an einem von mir aufgenähten Klettverschluss. Musste ich lange an einer Stelle verharren, konnte ich den Klettverschluss aufreißen und mich mit dem Karabiner in einem Bohrhaken einhängen. Aber das sollte dir eigentlich besser Röbi erzählen. Es war schließlich sein Job, das gut hinzukriegen, und es war nicht ganz einfach für ihn.

Robert Bösch wurde 1954 in Schlieren bei Zürich geboren, studierte an der Universität Zürich Geografie, verdiente sich in dieser Zeit sein Geld unter anderem als Nachtwächter und fand dort durch einen Arbeitskollegen zum Extrembergsteigen. Kurz nach Abschluss seines Studiums ließ er sich zum Bergführer ausbilden und begann schon bald in den Bergen zu fotografieren. Dies zu einer Zeit, als noch niemand von »Outdoor« sprach und »Action-Szenen« in Hollywood und nicht im Sport stattfanden. Je mehr Extremsportarten aus dem Boden schossen, desto mehr wurde er zu einem der wegweisenden Künstler, die auch dort noch auf den Auslöser drücken, wo andere passen. Zum Beispiel in der Eiger-Nordwand, die er mehrere Male auf verschiedenen Routen durchstiegen hat, oder auf dem Mount Everest, wo er Evelyne Binsack, die als erste Schweizerin auf dem höchsten Berg der Welt stand, für Printmedien und Fernsehen begleitete.

»An das genaue Jahr, in welchem ich Ueli Steck kennenlernte, erinnere ich mich nicht mehr. Was ich nie vergessen werde, ist aber, wie spektakulär die erste Begegnung verlief. Es war vor etwa acht Jahren. Bruno Schläppi, den ich schon länger kannte, fragte mich, ob ich Fotos machen wolle von ihm und einem gewissen Ueli Steck in einer sogenannten Mixed Route, einer Route also, in welcher sich Fels- und Eispassagen abwechseln – damals eine neue Variante der modernen Kletterei.

Zu dritt machten wir uns mit Skiern auf den Weg in die Rosenlaui. Dort angekommen, schaute ich mir die Route an, und mir fiel auf, dass der erste Haken nicht sehr vertrauenswürdig aussah. Ich fragte die beiden, ob sie sicher seien, dass dieser Haken, so wie er eingeschlagen sei, auch halte, bekam aber keine Antwort. Ueli stieg ein, arbeitete sich bis zum ersten Eiszapfen vor, schlug den Eispickel in das blaue Eis, zog sich hoch – in diesem Moment brach es aus. Ueli flog, und die Wucht seines Sturzes riss den Haken aus der Verankerung.

Er schlug mit seinem Allerwertesten flach auf den Boden. Es müssen zwischen fünf und sieben Meter freier Fall gewesen sein. Er war nicht bewusstlos, sagte, es tue ihm zwar alles weh, aber ansonsten sei er komplett in Ordnung. Wir gingen trotzdem mit ihm ins Krankenhaus, wo man außer schweren Prellungen nichts feststellte. Das war unser erstes Treffen und ergab eine ziemlich spektakuläre erste Bildserie. Er flog aus dem Bild raus, man sieht nur noch die Unterschenkel und Schuhe am Bildrand. Ich hatte nicht abgedrückt, weil ich ihn fallen sah, sondern einfach weil ich ihn fotografierte – es ging alles unheimlich schnell.

Später fotografierte ich ihn immer wieder beim Eisklettern. Damals war er oft mit Ueli Bühler unterwegs. Noch später war ich mit diesen beiden Uelis und zwei weiteren Freunden, Oswald Oelz und Bernhard Russi, am El Capitan im amerikanischen Yosemite. Damals kletterte Ueli Steck mit einem gebrochenen Handgelenk, was er allerdings nicht wusste. Aber das ist eine andere Geschichte, die er wohl besser selber erzählt.

Im Jahr 2001 fotografierte ich Ueli in der Eiger-Nordwand, als er, zusammen mit Stephan Siegrist, eine neue Route durch die Schattenseite des Eigers eröffnete. Eine Direttissima, die den wunderbaren Namen The Young Spider trägt. Diese fixe Idee, die wohl anspruchvollste Route zu klettern, war ein ziemlich irres Unterfangen. Weder Nebel noch Steinschlag, noch das tauende Eis, das sie oft in richtigen Wasserfällen arbeiten ließ, geschweige denn die kalten Nächte hielten die beiden von ihrem Vorhaben ab. Da Stephan sich gleichzeitig aber für eine Expedition vorbereitete, war Ueli oft alleine in der Wand und schlug mir eines Tages vor, zum Fotografieren vorbeizukommen. Dass ich dann allerdings so lange nicht einstieg, hatte einerseits mit meinem Terminkalender und andererseits mit Ueli Bühler zu tun, der mich davor warnte. Er wusste, dass sein Namensvetter sich nicht nur im oberen Teil aufhielt, wo er vor Steinschlag geschützt war, sondern auch weiter unten, wo man im Sommer immer mit Steinschlag rechnen muss. Im Winter ist die Eiger-Nordwand sehr viel sicherer zu klettern als im Sommer, da bei tiefen Temperaturen alles festfriert. Auch die losen Gesteinsbrocken dieser für ihre Brüchigkeit berühmten Wand. Ende Oktober war es dann so weit. Die Wand lag bereits in ihrer Winterstarre. Weder Stein- noch Eisschlag konnten unser Vorhaben bremsen.

Wir fuhren mit der Jungfraubahn bis zur Station Eigerwand, der Haltestelle in der Eiger-Nordwand, bei welcher die Touristen durch die Stollenfenster einen atemberaubenden Blick in die Wand und auf die Kleine Scheidegg haben. Dort versuchten wir etwas zu schlafen, bevor wir mitten in der Nacht aus einem der Stollenfenster stiegen und uns an die von Ueli und Stephan früher angebrachten Fixseile hängten. Ich muss zugeben, das kostete mich einige Überwindung, weil man da ganz plötzlich tausend Meter über dem Boden in der Luft schwebt. An diesen Fixseilen jümarten wir dann im Schein der Stirnlampen rund sechshundert Höhenmeter hoch. Mit Steigeisen und im Gepäck die ganze Fotoausrüstung! Das war nicht nur physisch ein äußerst anstrengendes Unternehmen, auch psychisch war es ziemlich nervenaufreibend, weil mich der Gedanke: ›Was, wenn ein Fixseil ausreißt?‹, einholte und ich die Antwort kannte. Ja, es gibt Angenehmeres!

Endlich oben angekommen, arbeiteten wir uns bis zum längsten Bein der Spinne, einer knapp sechzig Meter langen Eissäule, vor. Ein filigranes Gebilde, das höchstes Kletterniveau und ein sehr stabiles Nervenkostüm verlangt. Es wurde eine sehr akrobatische Fotosession.

Im Dezember 2004 stieg Ueli auf der Heckmair-Route solo durch die Eiger-Nordwand. Die Redakteurin Jacqueline Schwerzmann und ich wollten einen Film für das Schweizer Fernsehen drehen. Ueli stieg in einem einzigen Tag durch die Wand, was eine Superleistung war, aber für mich als Kameramann sehr viel Hektik bedeutete. Als Ueli den Gipfel erreichte, war es zum Drehen bereits zu dunkel – es fehlte die Schlussszene. Wir mussten sie später nachdrehen. Weil Ueli in den Himalaja reiste, galt es, möglichst rasch zu handeln. Als wir einen Termin gefunden hatten, trafen wir uns mit dem Helikopterpiloten auf der Helibasis Gsteigwiler, wo dieser uns darüber informierte, dass auf der Eigerspitze, wo wir hinmussten, hundert Stundenkilometer Wind herrschten. Keine gute Voraussetzung.

Wir diskutierten hin und her, waren uns einig, dass wir nichts riskieren wollten, wussten aber auch, dass wir es, wenn wir es nicht durchzogen, vergessen konnten. Der Entscheid fiel, als der Helipilot meinte, von ihm aus könne man es versuchen, da der Wind nicht böig sei. Wir zogen uns an, packten für den Notfall Schlafsäcke und Biwakmaterial in den Heli, stiegen ein und wurden zehn Minuten später mit dem ganzen Material per Seilwinde abgesetzt.

Und dann standen wir – zack, bumm, aus dem Nichts heraus – bei minus zwanzig Grad und einem teuflischen Wind auf dem Eiger. Und das erst noch mehr oder weniger freiwillig! In der Ferne sahen wir die Kleine Scheidegg und wussten, dass die Menschen dort gemütlich bei Kaffee und Kuchen saßen.

Weder Ueli noch ich sagten, was wir beide dachten: ›Was sind wir doch für Idioten.‹ Es wäre eh zu spät gewesen zum Umkehren – der Heli war längst weg. Wir sind dann den Grat zurückgeklettert und in die Nordwand hinein. Ich habe gefilmt, was ich filmen musste, spürte innert Kürze nichts mehr, sah, wie Ueli weiße Flecken im Gesicht bekam, und schwor mir: ›Nie wieder!‹ Wir hofften, der Wind möge nicht noch stärker oder – viel schlimmer noch – böig werden, weil uns der Heli dann nicht mehr hätte aufnehmen können. Es war, um es milde auszudrücken, absolut ungastlich dort oben.

Wir hatten Glück, der Wind wurde weder stärker noch böig, und nach zwei Stunden nahm uns der Heli per Seilwinde wieder auf. Nicht viel später saßen wir bei einer Pizza und einem Bier in der Wärme, und alles war gut. Irr, wie schnell man sich heutzutage in komplett verschiedenen Welten befinden kann.

Mit Ueli verbindet mich längst eine Freundschaft. Ich schätze ihn als Menschen genauso wie als Bergsteiger. Er zählt zur internationalen Elite der alpinen Zehnkämpfer. Im Alpinismus gibt es ›den Besten‹ nicht. Was sich aber mit Sicherheit sagen lässt: Ueli Steck ist einer der Besten. Einer, der im Eis, im Fels, im kombinierten Gelände genauso wie in langen Wänden und in Höhen, in denen die Luft dünn ist, auf einem sehr hohen Niveau klettert. Zu solch völlig unvergleichbaren Leistungen braucht es nicht nur unterschiedlichste körperliche Fähigkeiten, sondern vor allem auch eine den verschiedensten Situationen total angepasste, unglaublich belastbare Psyche.

Bergsteigen ist immer lebensgefährlich. Doch je höher das Niveau, desto riskanter wird es. Bei keinem anderen Sport kommt die Komponente Lebensgefahr so klar hinzu. Wenn man im Alpinismus einen Fehler macht, stirbt man. Macht man beispielsweise beim Triathlon einen, gibt man einfach auf.

Excalibur free solo ist eine unfassbare Leistung, aber die Nordwand des 6440 Meter hohen Cholatse und die Ostwand des Tawoche, 6501 Meter hoch, beide im Everest-Gebiet, die Ueli als Erster im Alleingang durchstiegen hat, sind noch viel unfassbarer. Die spezifischen Schwierigkeiten dieser beiden Wände kann ich nicht beurteilen, aber ich weiß, dass in einem so abgelegenen Gebiet, selbst wenn man zu zweit unterwegs ist, ein gebrochenes Bein die Katastrophe, ein Fehler das Todesurteil bedeuten kann.

In den Alpen kann man davon ausgehen, dass man selbst mit einer schweren Verletzung früher oder später aus einer misslichen Lage befreit wird. In der Eiger-Nordwand zum Beispiel hat man heute jederzeit Handy-Kontakt. Im Himalaja oder in anderen abgelegenen Gebirgen der Welt aber sitzt man, wenn man festsitzt, fest. Da holt einen mit großer Wahrscheinlichkeit keiner mehr raus. Diese Gewissheit bedeutet schon eine enorme Belastung, die noch potenziert wird, wenn man mutterseelenallein am Berg ist.

Aber – solo unterwegs zu sein, bringt auch ein enorm intensives Gefühl, um welches ich Ueli beneide. Ich bin überzeugt, dass sich für diese Intensität ein gewisses Risiko lohnt.

Jeden, der ambitioniert in die Berge geht, reizt die Variante »solo«, weil das die spannendste, intensivste und wohl auch die perfekteste Art ist, einem Berg zu begegnen. Aber zwischen sich reizen lassen und absolut überzeugt sein davon, dass man es auch kann, liegen Welten. Und zwischen absolut davon überzeugt sein und dann – eines Tages – tatsächlich free solo einsteigen liegt ein Universum.

Wenn man so ein Projekt im Kopf hat, dann lässt einen das nicht mehr los. Ja, ich rede aus eigener Erfahrung, obwohl meine Alleingänge im Vergleich zu denen von Ueli nicht erwähnenswert sind. Aber ich kenne das Gefühl, und ich weiß, wie spannend es ist, allein zu klettern, weil man viel schneller und agiler unterwegs und nur auf sich selbst angewiesen ist. Bergsteigen – auch zu zweit – funktioniert nur, weil man weiß, ich mache keinen Fehler, es wird keinen Aussetzer, nicht einen einzigen, geben. Auch nicht den kleinsten. Auch dann nicht, wenn es noch so brenzlig wird. Dieses Vertrauen, diese Sicherheit in sich selbst zu finden ist umso spannender, je näher man an seine eigene Grenze geht. Mit Sologängen kann man diese Spannung steigern. Man kann Ueli um diese Intensität beneiden, muss aber auch wissen, dass davor eine Anspannung liegt, die einem alles abfordert.

Am Anfang ist es einfach eine Idee. Dann schaut man die Route, die diffizilen Stellen etwas genauer an. Zu diesem Zeitpunkt ist es noch ein Spiel, das alles offen lässt. Doch je länger man sich damit befasst, je näher man dem Punkt kommt, an dem man weiß, es könnte gehen, desto mehr lässt einen der Wunsch, die Idee in die Tat umzusetzen, nicht mehr los, und schon ist man in der Sackgasse. Beim Einschlafen, beim Aufwachen, wo immer man ist, hat der Gedanke ›Ich will, ich kann, ich muss‹ Priorität. Dann kommt der Moment, wo umkehren nicht mehr geht, weil erst das Umsetzen die Entspannung bringt. Oder Ferien in Griechenland. Ich musste mich tatsächlich einmal absetzen, um mir selbst zu entfliehen, denn ich traute mir diese Route, die mich so beschäftigte, im Endeffekt eben doch nicht im Alleingang zu.

Hätte ich nicht gewusst, wie ruhig, überlegt, wie konzentriert und kontrolliert Ueli an die Sache herangehen würde, hätte ich ihn in Excalibur bestimmt nicht fotografiert. Ich wusste von vornherein, dass mir bei ihm die professionelle Distanz fehlt, was die ganze Sache für mich dann auch tatsächlich etwas nervenaufreibend machte. Vor allem, weil er für die Filmaufnahmen, die wir machten, nicht in statischen Positionen verharren konnte, sondern sich bewegen musste. Wir lösten das Problem, indem wir uns viel Zeit nahmen, die Sequenzen im Berg zu suchen, die er sicher klettern und in denen ich meinerseits spektakuläre Bilder machen konnte. Es war von Anfang an klar, dass wir die heiklen Stellen nicht in Betracht zogen.

Apropos heikle Stellen: Als Ueli mir sagte, er sei Excalibur free solo geklettert, fiel ich – ehrlich gesagt – nicht aus den Socken. Ich war diese Route zwar nie selbst geklettert, wusste aber, dass sie mit der Bewertung 7 nicht allzu schwierig sein konnte. Ich wurde eines Besseren belehrt. Als wir die Route inspizierten, um zu entscheiden, wo wir filmen und wo wir fotografieren würden, dachte ich: ›Der

Ueli, der spinnt!‹ Excalibur weist zwei sehr diffizile Stellen auf, Stellen, bei denen man gute Nerven braucht oder aber gar keine haben darf. Man steht nur mit Reibungstechnik auf abschüssigen Tritten und hat für die Hände keine wirklich brauchbaren Griffe. In diesen Situationen darf der Fuß keinen Millimeter rutschen!

Meine größte Angst ist es, dass jemand etwas wagt, nur weil ich als Fotograf dabei bin. Daher bremse ich die Extremsportler, die ich fotografiere, eher, als dass ich sie dränge. Dadurch sind mir sicher einige spektakuläre Bilder entgangen, dafür bin ich aber – Holz anfassen – bis heute von schweren Zwischenfällen verschont geblieben. Einmal allerdings war ich im wahrsten Sinn des Wortes nur einen Fingerbreit von einem Fiasko entfernt.

Ich fotografierte den Franzosen Alain Robert, einen reinen Sportkletterer, der inzwischen besser unter dem Namen ›Spiderman‹ bekannt ist. Er hat sich zum Ziel gesetzt, die höchsten Gebäude dieser Welt free solo zu klettern. Ich fotografiere ihn seit Jahren und weiß, dass er nonstop ans Limit geht. Ich kenne niemanden sonst, der einerseits so stahlharte Nerven hat und auf der anderen Seite ein solches Nervenbündel ist wie er. Ein ganz spezieller Mensch, der schon lange tot wäre, wenn er sich nicht so eisern und diszipliniert vorbereiten würde. Bei meiner ersten Fotosession mit ihm ging er vermutlich haarscharf an einer Katastrophe vorbei. In einer Route im zehnten (!) Schwierigkeitsgrad, die überhängende Stellen aufwies, gelang es ihm einfach nicht, das Zweifingerloch mit der rechten Hand zu erreichen. Er spürte, wie die beiden Finger der linken Hand im kleinen Griff langsam nach außen rutschten und der Fuß auf dem Reibungstritt kaum mehr Druck hatte. Im letzten Moment schnappten die Finger in das Loch und – hielten. Ich hing mit meiner Kamera einen Meter daneben und bekam überhaupt nichts mit von diesem Kampf um Leben und Tod. Ich konzentrierte mich einfach nur auf Ausschnitt und Kameraeinstellung. Alain erzählte es mir erst später einmal.

So etwas wollte ich mit Ueli nicht erleben. Absolut kein unnötiges Risiko war die Devise. Wir arbeiteten zu dritt. Der Bergführer Thomas Kohler war Sicherungsmann und Assistent zugleich.

Wir kletterten Seillänge um Seillänge. Ueli bestimmte, wo er ohne größeres Risiko einige Meter seilfrei klettern konnte, und ich entschied, ob sich diese Passagen für spektakuläre Bilder und entsprechende Filmsequenzen eigneten oder nicht. Von Thomas gesichert, brachte sich Ueli in eine gute Startposition, wo er den Karabiner aushängen und ihn unter dem T-Shirt verstauen konnte. Kam er beim nächsten Bohrhaken an, hängte er sich mit der Bandschlinge ein und wartete auf das Seil oder entspannte sich etwas. Meine Aufgabe bestand darin, zu garantieren, dass es Bilder gab, auf denen man nicht nur die Gefährlichkeit, sondern auch die Schwierigkeit erkennen konnte. Uelis Aufgabe war es, für die Bilder, die wir uns wünschten, in keinem Moment ein Risiko einzugehen.

Am zweiten Tag hatten wir einen Heli zur Verfügung. Der Kameramann Bruno Roth sorgte für atemberaubende Filmaufnahmen, und ich konnte spektakuläre Bilder aus der Totalen machen. Es gibt Fotos, auf denen man den winzigen Ueli an diesem riesigen Pfeiler regelrecht suchen muss.

Dass das Projekt so gut gelang, hatte auch damit zu tun, dass wir uns gegenseitig vollkommen vertrauten.

Es waren zwei wunderschöne Tage, es war warm, der Himmel blau, der Stein griffig. Verglichen mit den Erlebnissen, die ich mit Ueli in der Eiger-Nordwand hatte, war es ein Sonntagsspaziergang.«

Der Tag, an dem Röbi dich fotografiert hat, war traumhaft schön. Wie war das Wetter am 13. Juni 2004?

Es war neblig. Aber ich stand am Wandfuß und wusste, es geht auch ohne Sonne. Zudem verließ ich mich auf den Wetterbericht, der keinen Niederschlag gemeldet hatte.

War es kühl?

Zum Glück! Der Fels ist griffiger, wenn es frisch ist, und die Füße schwellen nicht auf.

Wie lange warst du in der Wand?

Keine Ahnung, Zeit existierte nicht – neunzig Minuten vielleicht, allerhöchstens zwei Stunden.

Wann hast du es deinen Eltern beigebracht?

Erst viel später, etwa nach zwei Monaten. Es war unnötig, dass sie es vorher wussten. Wäre es nicht in den Medien gekommen, hätte ich es noch lange nicht gesagt, aber als die Filmaufnahmen im TV gezeigt werden sollten, wollte ich nicht, dass sie das unvorbereitet traf. Das wäre nicht fair gewesen.

Wenn du in Interviews nach den Gefühlen gefragt wirst, die du in der Wand gehabt hast, benutzt du oft das Wort »unbeschreiblich«. Was macht es unbeschreiblich? Die Intensität des Momentes? Die Erkenntnis, dass der Geist der Schwerkraft trotzt? Oder ganz einfach das Adrenalin, das dir in die Adern schießt?

Wenn ich auswählen darf, dann gefällt mir dein Satz, dass der Geist der Schwerkraft trotzt, am besten. Und wenn ich das Gefühl doch noch beschreiben soll, dann vielleicht so: Beim Klettern lebe ich Sekunde um Sekunde – alles, was je passiert ist, und alles, was je passieren wird oder passieren könnte, ist weg. Insofern war ich also völlig unbeschwert.

Vielleicht macht Unbeschwertheit schwerelos.

Vielleicht. Und dieses Gefühl hielt relativ lange an. Am Tag nach Excalibur vergaß ich, völlig unbeschwert, einen Termin. Ich hätte um neun eine Sitzung mit meinem Sponsor gehabt. Da dieser mich als sehr zuverlässig und pünktlich kennt, rief er sofort bei mir an, ich schaute in meine Agenda, und tatsächlich, da stand »Sitzung«!
Auch mit meinen Mitmenschen hatte ich anfänglich Mühe – es kam mir alles fremd vor. Beim Abseilen stellte ich mir vor, ich würde, wenn ich wieder zurück bin, ein Bier trinken gehen, und freute mich darauf. Doch als ich dann im Auto saß, wieder mit der Realität und der Zivilisation konfrontiert, wollte ich nicht auf ein

Bier, sondern nach Hause. Alleine sein. Den Draht zu den Menschen fand ich im ersten Moment nicht.

Weil du im Tiefsten deines Inneren ein Einzelgänger bist?

Nein, weil ich mich aufs Intensivste mit dem auseinandergesetzt hatte, womit sich die weniger Privilegierten dieser Welt jeden Tag aufs Neue auseinandersetzen müssen, mit dem Wesentlichsten im Leben: dem Überleben.

Reinhold Messner sagte einmal, erfolgreiche Sologänge seien eine Art Wiedergeburt.

Ich fühlte mich nicht wiedergeboren – mir wurde das Leben nur sehr viel bewusster. Der Kaffee am nächsten Morgen war hundertmal besser als der am Tag davor. Ich erlebte eine Intensität, die, würde ich sie ständig so verspüren, mich in den Wahnsinn treiben würde. Was ich mir erhalten möchte, ist das Bewusstsein, wie schön es ist, vor einem Teller Spaghetti und einem Glas Rotwein an einem Tisch zu sitzen. Oder wie gut es sich anfühlt, durch den Wald zu joggen. Wie genial es ist, dass wir überhaupt hier sind. Dass wir reden, lachen, weinen, fühlen können. Ich wurde nicht wiedergeboren, nein, ich wurde mir ganz einfach des Lebens sehr bewusst und auch der Tatsache, dass wir im Moment unserer Geburt zum Tode verurteilt sind und dass wir die Aufgabe haben, die Chance Leben zu packen, denn – da bin ich mir sicher – die kriegt keiner ein zweites Mal. Der Tod kommt von selbst, das Leben nicht, das musst du alleine in die Hand nehmen oder – dich wenigstens darum bemühen.

Wie nah ist dir der Himmel?

Ich versuche lieber, hier auf Erden den Himmel zu erreichen, als dass ich hoffe, ihn später mal zu erhalten, und glaube, dass wir, wenn wir tot sind, tot sind.

Glaubst du an Schutzengel?

Ich glaube nicht an sie, ich kenne sie.

Mit Namen?

Der eine heißt Stephan, der andere wie ich, Ueli. Ueli Bühler und Stephan Siegrist.

Haben sie dir das Leben gerettet?

Ueli Bühler rettete mich am Mount Pumori, einem 7161 Meter hohen Berg im Himalaja, dessen Westwand wir im Mai 2001 erstbegangen haben. Es war eine Expedition, die wir selber organisiert und auch selbst berappt haben. Sie kostete sechstausend Franken pro Person. Die ganze Reise Schweiz–Schweiz dauerte achtundzwanzig Tage.

Achtundzwanzig Tage? Mit Akklimatisation?

Mit allem Drum und Dran. Flug, drei Tage Organisation in Kathmandu, sieben Tage Anmarsch. Wobei ich zugeben muss, dass die seriöse Akklimatisation auf der Strecke blieb, weil wir ja bergsteigen und nicht warten wollten. Wir waren im Alpinstil unterwegs, das heißt ohne Fixseile. Also unten einsteigen, miteinander durch ein Seil verbunden, und möglichst schnell oben wieder aussteigen. Sherpas hatten wir nur im Basislager. Der Wichtigste war unser Koch. Damit wir keine unnötigen Kilos zu schleppen brauchten, nahmen wir nur ein paar Energieriegel mit. Und keinen Schlafsack.

Keinen Schlafsack? Im Himalaja? Wie kalt war es? Und warum keinen Schlafsack? Das ist ja doof!

Zu Frage eins: Nein, kein Schlafsack! Zu Frage zwei: Ja, im Himalaja! Zu Frage drei: Sehr kalt. Zu Frag…

Wie kalt?

Minus dreißig Grad vielleicht. Ich hatte kein Thermometer dabei – es war einfach alles gefroren! Zu Frage vier: Weil ein Schlafsack zu viel Gewicht bedeutet hätte und wir mit dieser zusätzlichen Schlepperei nicht schnell genug gewesen wären.

Macht das so viel aus?

Jogge mal eine Weile einen Berg hinauf, und stoppe die Zeit. Dann packe ein paar Kilo in einen Rucksack, jogge damit dieselbe Strecke noch einmal. Ich kann dir sagen, du gehst nicht nur kaputt, du verlierst auf eine halbe Stunde bis zu zehn Minuten. Und noch ein paar Minuten mehr, wenn du die dünne Luft im Himalaja simulierst und dir ein Tuch vor die Nase bindest. Spätestens dann spürst du, dass es nicht doof ist, weder Essen noch Schlafsack mitzuschleppen, sondern intelligent. Wir hatten unsere Daunenjacken und einen Biwaksack, das schon. Aber – ja – ich war am Morgen völlig durchfroren. Schlotternd begann ich zu klettern, musste rausqueren. Es hatte in der Nacht stark gewindet, und ich dachte gerade: Was für Schneeverwehungen! Und schon knallte es – peng! –, und ich war weg.

Ausgerutscht?

Auf von Schnee verdecktem Eis. Mitsamt einer kleinen Lawine stürzte ich ins Leere. Es ging zwei Sekunden, bis ich das Seil fühlte, das mich auffing. Zeit genug, den einen Gedanken zu denken: Er hält mich, oder er hält mich nicht. Alles andere war ausgeschaltet. Schließlich schaute ich nach oben. Zwischen Ueli und mir lagen gut zwanzig Meter. Er war in dieser Passage nicht gesichert. Ueli konnte mich nur halten, weil er knietief im Schnee stand. Zeit zum Reagieren hatte er keine gehabt, es war sein Instinkt, der uns davor rettete, nicht all die mühsam erstiegenen Meter zurückzufliegen. Auf direktem Weg und nonstop an den Wandfuß. Das Adrenalin taute mich sofort auf, wir stiegen weiter. Auf den Gipfel. Und dann über die Normalroute ab. Als wir unten waren, kam uns unser Koch entgegen, brachte zu essen und zu trinken und bot uns an, unsere Rucksäcke zu tragen. Es war das erste Mal in meinem Leben, dass ich zu einem solchen Angebot nicht Nein sagte. Er schulterte die Rucksäcke, schaute uns dann tief in die Augen und sagte sehr eindringlich eines der wenigen Wörter, die er auf Englisch konnte: »Slowly!« Wir gingen also slowly. Er aber, er lief drauflos, als wäre der Teufel hinter ihm her. Verglichen mit uns flog er förmlich zurück ins Basislager, wartete netterweise jedoch immer wieder auf uns. Auf einem Stein sitzend. Kaum hatten wir ihn eingeholt, stand er auf, schaute uns tief in die Augen, ermahnte uns noch eindringlicher: »Slowly, slowly, slowly«, und war schon wieder über alle Berge. Es war köstlich.

Wie hast du dich bei ihm bedankt?

Bei wem? Ueli? Ich habe mich nicht bedankt, ich habe mich entschuldigt. Aber weißt du, wenn man eine Zweierseilschaft eingeht, ist man sich bewusst, dass man zueinander schaut, und man weiß, dass es immer Situationen geben kann, in denen beide Leben gleichzeitig auf dem Spiel stehen.

Und wo hat Stephan Siegrist dir das Leben gerettet?

In der Eiger-Nordwand, wobei dort der Fall etwas anders lag – er rettete in erster Linie sein eigenes. Wäre es nicht auch um ihn gegangen, ich weiß nicht, ob er die Kraft hätte aufbringen können, die ihm die ziemlich dumme Situation abverlangte.

Was war passiert?

Stephan und ich richteten eine neue Route ein. Sie heißt The Young Spider. Etwa zwei Seillängen unter dem sogenannten Todesbiwak musste Stephan, der im Vorstieg unterwegs war, einen Stand einrichten, damit ich nachjümaren konnte.

Nachjümaren?

Ich musste ein zweihundertfünfzig Meter langes Statikseil mitschleppen, das wir zum Einrichten der Route brauchten, und mit diesem konnte ich nicht klettern, also einigten wir uns, dass er nach oben steigt, einen Stand einrichtet und ich dann am Seil nachsteige. Zum Jümaren braucht man Steigklemmen, die man an den Füßen befestigt und mit denen man sich am Seil einhängen und nach oben jümaren kann. Ich wusste, er würde mir ein Zeichen geben, am Seil ziehen oder runterschreien, wenn er den Stand eingerichtet hatte.

Das Zeichen kam nicht. Ich ließ nochmals Zeit verstreichen, irgendwann dachte ich, ich hätte sein Rufen überhört oder sein Ziehen am Seil nicht wahrgenommen. So schulterte ich also meinen Rucksack, der wegen dem Statikseil fünfundzwanzig Kilogramm wog, und zog, zum Zeichen, dass ich nachkomme, am Seil. Dann begann ich zu jümaren.

Und?

Nach gut fünfzehn Metern hörte ich Stephan. Er schrie: »Kein Stand!« Ich hätte auch ohne diese Worte, nur durch die Verzweiflung, die in seiner Stimme lag, sofort gewusst, was war: Das Seil, an dem ich mich hochjümarte, war nicht fixiert. Ich hing also mit meiner ganzen Last nur an meinem Partner und der einzig und allein an seinem Leben. Aber ich konnte ihm nicht helfen, ich musste weiter – erst drei Meter später kam eine Kante, an der ich mich halten und das Seil entlasten konnte.

Er hatte den Stand noch nicht eingerichtet gehabt?

Das Gelände war ganz schwierig. Er hatte weder Zwischensicherungen noch eine letzte Sicherung einschlagen können. Und so war ich senkrecht achtzehn Meter nur an ihm hochgestiegen. Der Rucksack und ich wogen zusammen knappe hundert Kilo. Er hatte seine Steigeisen in den Schnee und einen Pickel ins Eis gerammt, stand mit dem Gesicht zur Wand, das rettete ihn. Und mich.

Er hätte dich, um zu überleben, losschneiden können. Du wärst geflogen – er nicht.

Negativ! Eine einzige falsche Bewegung seinerseits, und er hätte das Gleichgewicht verloren. Das geht unheimlich schnell.

Und wie seid ihr aus dieser Situation wieder rausgekommen?

Nachdem ich das Seil entlastet hatte, konnte er ein paar Meter aufsteigen und weiter oben einen Bohrhaken einschlagen. Am Abend saßen wir auf der Terrasse des Bahnhofbuffets auf der Kleinen Scheidegg und genossen die kühle Frische unseres Biers.

Das beste, das ihr je getrunken habt?

Es war sehr gut.

Hattet ihr kein Funkgerät dabei?

Damals nie. Seither oft.

Warum machst du solche Sachen?

Das war eine Ausnahmesituation.

Was ist es, was dich antreibt?

Puh, jetzt wirst du aber sehr psychologisch. Nun – es sind wohl zwei Komponenten.
Die erste ist die Herausforderung! Ich brauche sie, um zufrieden zu sein. Ich wäre nicht zufrieden, wenn sich die Normalität oder – noch schlimmer – wenn sich die Langeweile in mein Leben schleichen würde. Es würde mir etwas fehlen. Es war wunderbar, nach Excalibur zu wissen, dass ich etwas geschafft hatte, was ich unbedingt schaffen wollte. Und zwar in dem Stil, der mich so sehr fasziniert. Alleine.

Und die zweite Komponente?

Ganz einfach: Ich bin Bergsteiger von Beruf, und ich kann dir sagen, das kostet mich einiges …

… an Nerven, ja, das glaube ich dir aufs Wort.

Nein, nicht Nerven! Nerven kostet es mich nur, wenn ich nicht klettern kann. Es kostet mich einiges an Versicherung! Ich glaube, es gibt keinen Beruf mit einem höheren Risikopotenzial, und die Versicherung lässt sich das gut bezahlen.

Und wie verdienst du dir dein Geld?

Indem ich für meinen Sponsor Sportartikel verkaufe, ihn bei Neuentwicklungen berate und – je länger, je mehr – mit meinen Vorträgen.

Träumst du davon, eines Tages nicht mehr ans Geldverdienen denken zu müssen?

Nein, das wäre zu einfach. Wenn ich nur noch klettern könnte, würde es – seien wir ehrlich – den Reiz verlieren. Wir Menschen sind halt so konstruiert. Zwischendurch wollen wir etwas tun dafür, dass wir so leben können, wie es uns Spaß macht. Immer tun und lassen können, was man will? Das ist sicher nicht das Richtige. Habe ich zwei Monate, in denen ich intensiv klettern kann, genieße ich diese Zeit sehr. Und dies umso mehr, wenn ich weiß, dass danach vier Wochen kommen werden, in denen ich nur wenig in die Berge kann. Könnte ich immer klettern, würde ich vielleicht denken, nein, heute gehe ich nicht, erst morgen oder übermorgen. Dann würde das Leben träge. Für mich zumindest ist das so.

Und du würdest unzufrieden?

Garantiert. Zufriedenheit zu erlangen bedeutet Arbeit, wir müssen dazu etwas in die Finger nehmen, und das ist nicht immer leicht. Manchmal stinkt es mir auch, wenn ich unter Stress gerate, wenn mir wieder irgend so eine Idee durch den Kopf geistert und mich herausfordert. Die Unruhe, die dann kommt, ist schwer auszuhalten, und es ist nicht immer leicht, sie in Ruhe zu transformieren.

Aber wenn du es schaffst, bist du glücklich.

Nicht erst, wenn ich es schaffe – schon davor. Sie ist zwar schwer auszuhalten, aber ich setze mich gerne mit der Unruhe auseinander. Sie ist für mich Energiequelle. Für den einen ist es das größte Glück, am Abend mit einer Packung Chips und einem kalten Bier bei einem Fußballländerspiel mitzufiebern, der andere erlebt die größte Zufriedenheit, wenn er nach einer fünfstündigen Wanderung aus einem Bergbach trinken kann. Und in Nepal sind sie schon zufrieden, wenn sie jeden Tag etwas zu essen haben. Daran denke ich oft, wenn ich die unzufriedenen Gesichter sehe, die mich manchmal umgeben. Wir, denen es so gut geht, wir denken zu viel an das, was wir nicht haben, anstatt uns an dem zu freuen, was wir haben.

Du riskierst viel, um zufrieden zu sein.

Nein. Oder – doch! Aber nie im Sinne von fahrlässig, das wäre dumm. Es gibt einen Satz, der in Bergsteigerkreisen immer wieder gerne zitiert wird: Lieber einen Tag Tiger als …

… tausend Tage lang ein Schaf.

Du kennst ihn?

Er stammt von der Engländerin Alison Hargreaves, die im Mai 1995 den ersten absolut selbständigen Aufstieg einer Frau auf den Mount Everest gemacht hat und drei Monate später auf dem 8611 Meter hohen K2 im Himalaja zusammen mit ihren Begleitern beim Abstieg ums Leben kam. Lieber einen Tag Tigerin – hat sie gesagt – als tausend Tage lang ein Schaf.

Sie war dreiunddreißig Jahre alt, als sie starb.

Du sagtest, du habest bei Excalibur nie an den Tod gedacht. ?Kam später der Gedanke, du könntest geradeso gut tot sein?

Nein. Bei Excalibur nicht. Bei meiner Alleinbegehung der Nordwand des Cholatse, dort schon. Dort fiel ich – als ich im Nachhinein realisierte, was alles hätte schieflaufen können – in ein tiefes Loch. Aber bei Excalibur war's auch noch Tage danach einfach ein gutes Gefühl. Auch wenn mich Excalibur lehrte, wie klein und irrelevant meine Leistung ist.

Wie meinst du das?

Als ich oben ausstieg, schaute ich nicht nach unten, sondern geradeaus. Dorthin, wo der Himmel die Erde verschluckt. Der Himmel, dachte ich, ist viel größer, viel weiter, als er gestern noch war, gleichzeitig wurde mir bewusst, wie unwichtig alles ist. Ob ich nun diese Route free solo geklettert bin oder nicht, was ändert das? Nichts! Für mich schon, klar, ich werde zufriedener, aber nicht für die Welt. Auch dem Zufriedensten wird es nie gelingen, die Welt viel besser zu machen. Leider ist das so.

Nun, deine Zufriedenheit beeinflusst mit Sicherheit dein Umfeld. Mit zufriedenen Menschen durchs Leben zu gehen ist sehr viel angenehmer, als mit unzufriedenen.

Das stimmt. Aber es geht zuerst immer um dich selbst. Vielleicht muss das auch so sein. Denn geht es dir schlecht, bist du krank, depressiv oder unglücklich – was kannst du da bewegen? Nichts.

Was sonst macht dich glücklich?

Dass ich das kleine Glück erkennen kann. Manchmal liegt es in einem Sonnenuntergang, manchmal in einem Eiszapfen, in dem sich das Sonnenlicht bricht. Bei Excalibur lag es bei den Gämsen. Vier, fünf waren immer da, leisteten mir Gesellschaft. Sie gehören zu den Wendenstöcken wie die Sterne an den Himmel. Mit der Zeit kannten sie mich und verkleinerten ihren Sicherheitsabstand. Am Schluss blieben zwischen ihnen und mir fünfzig Zentimeter.

Hast du sie gefüttert?

Ich brachte ihnen Salz. Sie sind unglaublich interessiert und intelligent, sahen mich jedes Mal von Weitem schon, wenn ich unterwegs zum Biwak war, und empfingen mich dann dort. Als ich mit dem Seil kletterte, kletterten sie mit und warteten beim Stand auf mich. Dann sahen sie mir zu, wie ich mit Abseilen begann, gingen los und erwarteten mich unten wieder. Ganz rauf kommen sie nicht, aber in den ersten Seillängen hatte ich ihre ständige Begleitung.

Was, wenn sie dir im Weg gestanden hätten?

Das können sie nicht. Sie sind zwar gute Kletterer, aber so flink und behände sind sie dann doch wieder nicht, dass sie eine solch steile Route klettern könnten. Sie haben ihre eigenen Wege.

Kommt es eigentlich vor, dass Gämsen abstürzen?

Immer wieder. Logisch, bei dem Tempo, das die an den Tag legen.

Als du klettertest, hast du da jeden Muskel in deinen Zehen, jede Haarspitze, jeden Herzschlag, jedes Atemholen gespürt?

Wenn ja, dann weiß ich das nicht mehr. An was ich mich jetzt erinnere, ist, wie bewusst ich jeweils den nächsten Griff sah, wie automatisch die Finger sich um ihn legten, wie selbstverständlich sie zuschraubten.
So glasklar ist mir das früher nie eingefahren, wie wunderbar Körper und Geist harmonieren. Meine Gedanken wurden zeitlich perfekt umgesetzt. Halten – stoßen – ziehen – Schwerpunkt verlagern – Mitte suchen – sich an den Stein pressen – Kraft in die Füße geben – Hände lösen. Es war wie ein Film.
Es war, als würde ich mir von außen zusehen. Und weißt du, was das Verrückteste war?

Was?

Ich sah nicht mich! Ich sah »ihn«. Und dachte – hoppla, »der« macht das gut.

Du hast dir also zugeschaut, wie du geklettert bist?

Ja, und ich sah, jetzt hält »er« den Griff, jetzt platziert »er« seinen Fuß, jetzt verlässt »er« sich auf drei Finger.

Das sagen Menschen, die eine Nahtoderfahrung gemacht haben, auch, dass der Geist den Körper von außen gesehen habe. Lenkten dich diese Eindrücke nicht ab?

Nein, es war keine Ablenkung, es war eine wohltuende Gewissheit. Die Gewissheit: Ich kann »ihn« steuern. »Er« war der Roboter, der genau das tat, was ich wollte.

Der Geist steuerte den Körper fern?

Wenn du so willst – weißt du, was mir jetzt in den Sinn kommt?

Was?

Vielleicht hatte ich darum keine Angst. Denn da war dieses Gefühl, es geht ja nicht um mich selbst.

Was heißen würde, dass wenn man fällt, »nur« der Körper fällt und nicht der Geist. Was wiederum ein Hinweis darauf wäre, dass der Geist auch ohne den Körper weiterexistiert.

Nun, das werden wir spätestens dann wirklich wissen, wenn es für unsere Neugierde im Diesseits definitiv zu spät ist.

Wann hat das aufgehört, dieses Dich-von-außen-Betrachten?

Oben.

Beim Ausstieg?

In diesem Moment – ja.

Und wie war das – machte es »plopp«, und dann kam der Stolz?

Nicht Stolz. Ich spürte bloß Freude. Extreme Freude. Aber nicht so, dass ich sie in die Luft hätte hinausjauchzen wollen. Ich freute mich, wie schon gesagt, auch nicht in erster Linie über meine Leistung, sondern viel mehr an der Erkenntnis, dass der Himmel viel größer und viel weiter war als gestern noch. Ich setzte mich hin und saß einfach nur da.

Wie lange?

Zwei Minuten? Zehn? Eine halbe Stunde? Das weiß ich nicht mehr. Es kann nicht allzu lange gedauert haben, denn was ich danach ganz schnell wollte, war Nicole anzurufen, ihr zu sagen, ich hätte es gemacht, ich sei zurück.

Wusste sie, dass du gehst?

Sie ahnte es.

Aber sie hatte keine Ahnung, wann?

Nein. Ich sagte ihr nie, ich steige eines Tages free solo ein. Musste ich auch nicht – sie wusste es.

Seit wann kennt ihr euch?

Seit dem Eiskletter-Weltcup in Saas-Fee. Im Januar 2004.

Und, wie habt ihr euch dort kennengelernt?

Sie war für ihre Firma dort, ich für meinen Sponsor.

Und seither seid ihr zusammen?

He, he, so schnell ging das nicht – ich bin ja schließlich Berner.

Was hat dich an ihr fasziniert?

Ihre Ausstrahlung.

Klettert sie auch?

Ja, und das ist gut so.

Wie geht sie damit um, dass jeder Tag mit dir ein Geschenk ist?

Jetzt hör aber auf! Das würde es ja wohl auch sein, wenn ich einen anderen Beruf ausüben würde.

Bist du dir da so sicher?

Sicher ist, dass wir weniger Diskussionen hätten, wenn ich als Zimmermann arbeiten würde. Aber Diskussionen machen das Leben interessant und lassen keine Langeweile aufkommen. Ich hasse Langeweile.

Aber du magst Diskussionen?

Wenn der eine dem anderen zuhört und nicht nur seine Meinung vertritt, ja, dann schon.

Du erzählst nicht gerne über euch, richtig?

Ja, richtig.

Warum?

Wir haben uns entschieden, unsere Liebe nicht der Öffentlichkeit auszusetzen.

Warum nicht?

Weil es in Interviews, die Nicole gegeben hat, immer gleich endete.

Dass sie dein Handeln rechtfertigen musste?

Genau. Und das will sie nicht mehr.

Kann ich gut verstehen. Also, wo waren wir stehen geblieben? Du wolltest sie anrufen.

Wollte ich, ja, aber um telefonieren zu können, musste ich zuerst wieder runterkommen. Zum Biwak, wo mein Handy lag. Also lenkte ich meinen Blick zum deponierten Seil und sah sofort, dass es weiße Stellen aufwies, weil an vielen Stellen der Kern aus dem orange Mantel drückte!

Ein altes Seil?

Nein! Nie benutzt! Nagelneu! Es war – gelinde ausgedrückt – scheiße. Ich stand auf, nahm das Seil in die Hände und konnte es nicht fassen: überall angeknabbert.

Von Mäusen?

Höchstwahrscheinlich. Von einer Sekunde auf die andere war Excalibur nicht mehr existent, sondern Vergangenheit. Die Gegenwart stellte mich nach einer exakten Bestandsaufnahme – hier kaputt, da nur ganz leicht kaputt, dort, wo sie sich bis zum Kern durchgefressen hatten, sehr kaputt – vor ein enormes Problem.

Wie komme ich hier wieder runter?

Exakt. Das Seil, der Klettergurt – den hatten die Nager netterweise unbehelligt gelassen –, der Karabiner und der Abseilachter hätten mir im Normalfall wunderbar gereicht, um mich von Stand zu Stand abzuseilen. Aber das ging jetzt nicht mehr. Ich musste eine andere Lösung finden. Es blieb mir nichts anderes übrig, als die angefressenen Stellen zu verknoten, um mich doch noch abseilen zu können. Irgendwie.

Irgendwie? Mit einem Achter über einen Knoten abseilen, geht nicht.

Richtig. Theoretisch geht das nicht. Aber wenn ich ein bisschen entlasten könnte, um mich über dem Knoten aus- und unter dem Knoten wieder einzuhängen, dann könnte es funktionieren. Mehr oder weniger. Da ich aber bei den Knoten nicht immer entlasten konnte, kam ich nicht mehr von Stand zu Stand und musste das Seil oft durch Sanduhrschlingen ziehen.

Klingt alles etwas waghalsig! Ich habe übrigens abgeklärt, ob es stimmt, dass es keinen Beruf mit einem höheren Risikopotenzial gibt als den des Bergsteigers und dass die Versicherung sich dies gut bezahlen lässt.

Und?

Es stimmt nicht. Noch höhere Prämien, zumindest in der Unfallversicherung, zahlen die Profifußballer.

Echt?

Sagt zumindest eine große Versicherung, und die muss es ja wissen. Egal, warum hast du nicht einfach auf den Heli gewartet, den dein Freund bei deinem Ausbleiben bestimmt sofort organisiert hätte?

Das hätte mir alles kaputtgemacht, das ganze Erlebnis wäre zunichte gewesen.

Weil du auf Hilfe angewiesen gewesen wärest?

Weil das geheißen hätte, dass ich selbst keinen Ausweg gefunden hätte. Diesen Gedanken an den Heli, den gab es gar nicht, das wäre demütigend gewesen, das gebe ich gerne zu. Das wäre … Ich mag gar nicht daran denken. Da wäre ich vorher nach Engelberg runtergestiegen. Das war die zweite Option, die ich hatte. Nicht abseilen, sondern nach Engelberg. Erst klettern, dann gehen.

Es gibt immer einen Ausweg?

Immer. Allerdings wäre es ziemlich weit gewesen bis nach Engelberg. Sehr weit.

Wie weit?

Mindestens acht Stunden. Und das in Kletterfinken und nicht in Bergschuhen. Meine Füße wären danach blau wie Heidelbeeren gewesen.

Kletterfinken sind im Vergleich zu normalen Schuhen kleiner. Wie viel kleiner sind deine?

Dreieinhalb Nummern.

Dreieinhalb Nummern? Da tut ja nur schon der bloße Gedanke weh.

Man gewöhnt sich daran. Engelberg wäre eine Odyssee gewesen, auf die ich keine Lust hatte, also entschied ich, dass das Seil nicht so schlimm defekt sei, als dass ich daraus nicht etwas hätte basteln können.

Wie sicher warst du dir dessen?

Es gibt Sachen, die kann man nie ganz sicher wissen. Und manchmal verschätzt man sich auch ein bisschen. Als wir für Excalibur fotografierten, hatte ich mich beispielsweise in der Distanz zu einem Bohrhaken verschätzt. Ich konnte die Bandschlinge nicht einhängen, es fehlten fünf Zentimeter. Sosehr ich mich auch streckte, es reichte nicht. Ich versuchte, den Fuß höher zu platzieren, spürte aber, dass ich mich nicht auf die Reibung verlassen wollte, und ging wieder in die Ausgangsstellung zurück. Ich versuchte es noch einmal, probierte, ob es nicht doch mit Strecken geht. Es ging nicht. Also blieb ich, wo ich war. Ich wusste, meine Kraft in den Armen reicht, um mich mindestens eine Viertelstunde am Griff halten zu können. Meine Füße standen gut.

Ja, und dann?

Thomas war in Rufweite, also bat ich ihn, mir das Seil runterzulassen. Obwohl er nur mir zuliebe als Sicherungsmann mitgekommen war und mir nachher sagte, dass er so etwas nie wieder tun würde, es habe ihn unglaublich viele Nerven gekostet, handelte er total überlegt und ruhig. Er ließ das Seil nicht nur sofort runter, sondern pendelte es auch so lange hin und her, bis ich es zu fassen bekam und es einhängen konnte. Es gibt Lösungen. Immer.

Was, wenn du dich beim Abseilen nach dem Free-solo-Gang in Excalibur auch verschätzt hättest?

Dann hätte ich wohl oder übel auf Rettung warten müssen. Aber – ich habe gewusst, es würde klappen. Wäre ich davon nicht überzeugt gewesen, glaub mir, ich hätte mich nicht abgeseilt, sondern wäre nach Engelberg abgestiegen.

In Kletterfinken?

Im Notfall barfuß.

Und dann, als du nach Hause kamst, was hast du gemacht?

Ich trank ein gutes Glas Rotwein und hörte Musik, die ich von Nicole bekommen habe. Musik hilft mir abzuschalten. Für jede neue Aufgabe finde ich eine CD, die mich dann vom Training an bis zum erfolgreichen Abschluss einer Idee begleitet. Es war ein Mix aus Rock, Jazz und Pop. An die Namen der Titel kann ich mich nicht erinnern, die interessieren mich auch nicht. Entweder die Musik passt, oder sie passt nicht. Nicoles CD passte perfekt.

Und später bist du total erschöpft eingeschlafen?

Nein, total glücklich. Und am nächsten Tag ging ich – nachdem ich die Sitzung erfolgreich ignoriert hatte – klettern, aber es fehlte mir die Kraft. Das heißt, ich stand irgendwie neben den Schuhen. Egal, was zählte, war einzig und allein, dass ich sehr zufrieden war.

Treibt dich das weiter? Hast du eine nächste Route, die du free solo klettern möchtest?

Kann sein, dass ich dieses starke Gefühl später wieder mal erleben möchte. Ich bezweifle allerdings, dass ich es je wieder so empfinden werde.

Excalibur war extrem intensiv. Momentan klettere ich schon free solo, aber immer nur kurze Routen.

Was immer kurz auch heißen mag.

Der Excalibur-Pfeiler, das war mein erklärtes Ziel, mein Traum. Natürlich könnte ich jetzt weitergehen, mir sagen, das nächste Mal noch ein bisschen schwerer, noch ein wenig länger. Momentan verspüre ich in dieser Richtung kein Verlangen. Aber vielleicht kommt der Tag, wo ich wieder ernsthaft etwas free solo machen will – das kann ich heute noch nicht sagen, das ist etwas, das sich entwickelt oder eben nicht entwickelt. Zurzeit fasziniert mich mehr das Bergsteigen.

Wo liegt der Unterschied zwischen Klettern und Bergsteigen?

Im Gelände und im Material.

Zum Klettern braucht man leichte Kletterfinken und Magnesium, und zum Bergsteigen …

… schwere Bergschuhe, Steigeisen, Eispickel und – auch wenn man solo unterwegs ist – ein Seil, damit man sich bei heiklen Stellen selbst sichern kann. Den Rest der Route, das, was möglich ist, geht man ungesichert. Dadurch ist man sehr schnell unterwegs. Free-solo-Klettern ist für eine kurze Zeit extrem intensiv, beim Solo-Bergsteigen dauert dieses Gefühl ungleich länger. Das ist das Faszinierende am Alpinismus, dass die Bandbreite so groß ist. Wenn du gut Tennis spielst, spielst du gut Tennis. Wenn du gut Eishockey spielst, spielst du gut Eishockey. In der Leichtathletik, beim Zehnkampf, da ist es etwas anders, da musst du nicht nur gut werfen, sondern auch gut sprinten, stoßen, springen.

Röbi bezeichnete dich als alpinen Zehnkämpfer. Du wärest doch der geborene Bergführer – warum hast du die Bergführerausbildung nicht gemacht?

Als Bergführer muss man nicht nur gut bergsteigen können, sondern vor allem sehr viel Geduld haben.

Du wirkst sehr geduldig.

Mit mir selber bin ich das, mit anderen gar nicht. Vor allem wenn ich mal auf einer Bergtour bin und es nicht so vorwärtsgeht, wie ich will! Wenn dann noch jemand rückwärts abklettert, anstatt einfach geradeaus zu laufen, treibt mich das allein schon schier in den Wahnsinn.

Das kann ich mir gar nicht vorstellen, bei der Ruhe, die du ausstrahlst.

Nun, es ist aber so.

Du bist einfach gern allein.

Nein, ich mag Menschen um mich rum – ich gehe nur einfach gern mein Tempo.

Wann machtest du deinen ersten Sologang?

Zahlen sagen mir nicht viel – deshalb weiß ich das nicht mehr genau. Ich war mit Freunden viel in der Schrattenfluh und habe dort schon relativ früh angefangen, Routen, die ich gut kannte und die nicht so schwer zu klettern waren, nur im Klettergurt und ohne Seil zu klettern. Mit alpinen Sologängen begann ich, als ich zweiundzwanzig war, damals kletterte ich das Haston Couloir am Mönch solo, ein Jahr später erst wagte ich mich solo auch an den Eiger.

In die Nordwand?

Nein, nein. Ich kletterte durch seine Nordostwand. Auf der Lauperroute. Die Nordwand durchstieg ich erst vor einem Jahr im Alleingang.

Warum nicht früher?

Weil mich an dieser legendären Wand anderes interessierte.

Das Einrichten der Route The Young Spider?

Zum Beispiel.

Und sonst?

La Vida es Silbar, Yeti, Le Chant du Cygne, perfekte Routen im achten und neunten Schwierigkeitsgrad. Und dann gab es noch ein sehr eindrückliches Erlebnis, das in der Eiger-Nordwand seinen Anfang hatte. Die Trilogie, die Stephan und ich gemacht haben.

Die Trilogie Eiger, Mönch und Jungfrau?

Die steilen Nordwände dieses Dreigestirns. Wir wollten alle drei Gipfel in vierundzwanzig Stunden klettern. Hat nicht ganz geklappt. Wir benötigten eine Stunde mehr.

Wann war das?

Im Juli 2004. Punkt Mitternacht verließen wir das Guesthouse am Eigergletscher, stiegen in die Heckmair-Route ein, um neun Uhr morgens gab es den ersten Gipfelhandschlag. Über das Eigerjoch stiegen wir in zwei Stunden an den Wandfuß des Mönchs. Dank besten Verhältnissen – es hatte perfekten Trittfirn – standen wir drei Stunden später bereits auf dem Mönch.

Zweiter Handschlag.

Und danach ging's gleich runter zum Jungfraujoch, dort erwartete uns etwas zu essen, viel zu trinken und die erste Pause. Neunzig Minuten später traversierten wir zum Einstieg der Jungfrau-Nordwand, was uns sehr viel Zeit nahm. Erst um halb acht Uhr abends stiegen wir – mit schon etwas schweren Beinen – in die eigentlich einfachste dieser drei Nordwände ein. Aber es wurde schon bald dunkel und damit schwierig. Die Nordwand der Jungfrau – wir waren sie noch nie zuvor geklettert – erinnerte mich an einen Steinbruch, und der war mit dünnem Eis überzogen. Für die letzten hundertfünfzig Meter benötigten wir volle drei Stunden! Eine Stunde nach Mitternacht standen wir auf dem Gipfel, wo uns Thomas Kohler und Rob Frost erwarteten, zwei Freunde, die schon im Jungfraujoch für unsere Verpflegung gesorgt hatten. Sie hatten uns ein Biwak vorbereitet. Es war wie Heimkommen. Ein paar Monate später stieg ich dann solo durch die Eiger-Nordwand.

Auf der Heckmair-Route?

Ja, sie ist am problemlosesten zu klettern.

Was fasziniert dich am Eiger?

Dass er ein so bequemer Berg ist.

Ein bequemer Berg?

Das findest du nirgends sonst, dass du so schnell und ohne den geringsten Aufwand vor einer Nordwand in diesem Ausmaß stehst. Sag mal – warst du noch nie dort?

Nein.

Das müssen wir ändern!

Vergiss es.

Warum?

Weil du gesagt hast, du habest zu wenig Geduld mit Gästen.

Ich werde mich zusammenreißen, und im Übrigen besteigen wir die Wand ja nicht, ich zeige sie dir einfach.

Gut. Wann?

Morgen.

DIE ROUTE

Von der Station Eigergletscher, wo die Jungfraubahn haltmacht, führt mich Ueli über den Eigertrail, einen Höhenweg, der den Wanderer an der Eiger-Nordwand vorbeiführt, zum Aussichtspunkt Chräjenbüel. Dort ist die berühmteste Wand der Alpen zum Greifen nah. Hoch ist sie. Abweisend. Schwarzes Eis, brüchiger Kalk, weiße Firnfelder. Ueli weist mich aus sicherer Entfernung auf all das hin, was die Wand von Tokio bis New York zum Mythos macht: Hinterstoisser-Quergang, Schwalbennest, Erstes Eisfeld, Zweites Eisfeld, Bügeleisen, Todesbiwak, Wasserfallkamin, Rampeneisfeld, Götterquergang, Spinne. Im unteren Drittel der Wand sehe ich rechts das Stollenloch der Jungfraubahn, die sich Zahn um Zahn, Meter um Meter durch Eiger und Mönch auf das Jungfraujoch schiebt. Links im Berg die Stollenfenster der Station Eigerwand.

Als Ueli den Weg verlässt, folge ich ihm. Das Klirren, das entsteht, wenn meine Schuhe das Geröll der Wand wegdrücken, erinnert mich an einen Scherbenhaufen. Über gefrorene Schneefelder geht es weiter. In einer Geraden aufwärts. Bis an den Wandfuß. Dort setzen wir uns hin. Ueli holt zwei Klettergurte aus seinem Rucksack, gibt mir einen, zieht den anderen selbst an. Er bindet mich an, nimmt mich ans Seil. Denn würde ich hier ausrutschen, würde ich tief fallen. Zu tief für seine Nerven.

Über zwei kleine, einfache Kletterpassagen und weiteres Geröll, durchmischt mit Eis und Schnee, queren wir nun nach links. Immer weiter aufwärts, bis wir vor dem Einstieg in die klassische Heckmair-Route stehen, wo drei Gedenktafeln an den Tod erinnern. Zwei sind fest in den Fels verschraubt; ich lese die darauf verzeichneten Namen, vergesse sie sofort wieder. Die Namen auf der dritten Tafel, die nur an die Wand gelehnt ist, sind durch ein Kreuz getrennt. Es sind schöne Namen: »Mario Menti« und »Bartolo Sandri«. Sie starben am 21. Juni 1938. Einen Monat vor der erfolgreichen Erstbesteigung.

Als Ueli mich fragt, ob ich bereit sei, wundere ich mich, dass ich weder eine Erklärung will, was weiter passieren wird, noch einen Funken Angst oder zumindest ein flaues Gefühl im Magen verspüre. Auch nicht, als ich interessiert zuschaue, wie er ungesichert vorsteigt. Meiner Natur entsprechend hätte ich von mir eigentlich erwartet, dass ich nicht zu-, sondern wegsehe. Erst später wird mir bewusst, dass nicht die Ruhe, die er ausstrahlte, mich so gelassen bleiben ließ, sondern seine unmissverständliche Kompetenz. Andere sitzen im Büro und wissen, was sie zu tun haben. Ueli steht am Berg und weiß, was er zu tun hat.

Dazu braucht er nicht in erster Linie Hände und Füße, sondern seine Augen. Erst wenn er den passenden Griff sieht, platziert er die rechte Hand, erst wenn er den kleinen Tritt gefunden hat, setzt er, punktgenau und ganz sachte, den linken Fuß. Sucht die Wand dann weiter ab, entdeckt eine Leiste für seine linke Hand, schaut nach einem Vorsprung für den rechten Fuß.

Er liest den Fels. Erst dann zieht er mit den Armen, stößt mit den Beinen, verlagert sein Gewicht. Kraft ist das eine. Zu erkennen, welche Möglichkeiten der Stein bietet, das andere. Nach etwa vier Metern verschwindet er aus meinem Gesichtsfeld; ich weiß, dass er einen Stand einrichtet, und warte auf sein Kommando: »Kannst kommen.«

Der Fels ist kalt, aber griffig. Tastend suche ich nach Halt für meine Hände, jenen für meine Füße finde ich sofort, weil Uelis nasse Schuhsohlen Spuren hinterlassen haben. Ich erklimme die ersten paar Meter der tausendachthundert Meter hohen Wand. Nicht elegant, sondern unter Zuhilfenahme von Ellbogen und Knien. Den besten Halt finde ich nicht am Fels, sondern im leichten Zug des Seils, das mich mit Ueli verbindet.

Oben angekommen, erklärt er mir, was ich in der Ferne sehe: Wetterhorn, Große Scheidegg, Faulhorn, Rötihorn, Schynige

Platte. Unter mir der Abgrund, über mir ein Himmel, der schnell die Farbe wechselt. Kurz darauf sprenkeln erste Regentropfen den Fels, als ob er die Masern hätte. Wir seilen ab, kehren auf den Eigertrail zurück, gehen Richtung Alpiglen.

Es war gut. So gut, dass ich mich am Abend, auf der Heimfahrt im Zug, zusammennehmen muss, um meine Mitreisenden nicht lauthals darüber aufzuklären, dass das feine Grau, das meine Schuhe überzieht, nicht Dreck, sondern Steinstaub ist. Steinstaub der legendären Eiger-Nordwand. Einer Wand, die wie keine zweite Geschichte schrieb.

Von den vierunddreißig literarischen Werken, die über den 3970 Meter hohen Eiger geschrieben worden sind, befassen sich dreißig mit seiner Nordwand. Die menschlichen Tragödien, die sich wieder und wieder in ihr abspielten, sorgten für ständige schriftstellerische Inspiration. Und dies in den verschiedensten Sprachen, allen voran Deutsch, Englisch und Französisch. Weltweit sind unzählige Zeitungsberichte über die Wand erschienen. Die zentrale Frage, die die Journalisten von »Stern«, der »Schweizer Illustrierten«, des »Paris Match«, der »New York Times«, des Magazins »Life« und vieler anderer Publikationen immer wieder und nach wie vor bewegt, ist die, warum Alpinisten »in dieser verdammten Wand« ihr Leben riskieren.

Seit 1911 beeindruckt der Eiger auch Filmschaffende. In Dokumentar- und Spielfilmen sowie in TV-Sendungen hält er mit über hundert Titeln auch hier einen Rekord. Das Buch »The Eiger Sanction« wurde 1974 unter demselben Namen verfilmt. In der Nordwand. Ein Agententhriller made in Hollywood, der dank Clint Eastwood für den perfekten Medienrummel auf der Kleinen Scheidegg sorgte. In Europa floppte der Film dann allerdings gewaltig.

Eastwood, der Hauptdarsteller, soll, als er aus dem Stollenloch herausgeführt wurde, um einen ersten Blick in die Wand zu werfen, gesagt haben: »Oh shit! Let's get the hell out of here!« Frei übersetzt: »Scheiße! Lasst uns nach Hause gehen und Golf spielen.« Er blieb. Und auch nachdem der Brite Dave Knowles, ein Bergsteiger,

»Der Excalibur-Pfeiler war mein erklärtes Ziel, mein Traum.«

Free solo in Excalibur: »Eine Felswand ist nie glatt. Sie hat Kanten,

Griffe, Vorsprünge, Löcher, Risse.«

»Ich spürte nicht Stolz, sondern Freude. Extreme Freude.«

»Die Nordwand des Cholatse ist tausendfünfhundert Meter hoch. Meine Route führte durch senkrechten Fels und Eis.«

»Zugegeben, beim Cholatse wurde es – nach einem relativ bequemen Einstieg – noch recht sportlich.«

»Die tausendsiebenhundert Meter hohe Nordostwand der Ama Dablam.«

»Ich spürte, dass ich die Ama Dablam nicht überlebe, wenn ich nicht die Kraft finde, am nächsten Morgen abzusteigen.«

»Der Moment, wo Konzentration zur Meditation wird, ist unbeschreiblich.« Ueschinen im Berner Oberland.

der zur Filmcrew gehörte, am 13. August während der Dreharbeiten von einem Steinschlag, der so nicht im Drehbuch stand, tödlich getroffen wurde, drehte Eastwood nicht ab, sondern fertig.

Die ersten Toten forderte die Eiger-Nordwand an einem Sonntag. Es war der 25. August 1935. Den beiden Deutschen Max Sedlmayr und Karl Mehringer wurde ein Wetterumschlag zum Verhängnis. Sie erfroren in einer Wandstelle, die seither Todesbiwak heißt. Das bis heute letzte Opfer starb am Mittwoch, den 11. April 2007.

Der 25-jährige Florent Denis Michel Dugard war in einer Dreierseilschaft auf der Heckmair-Route unterwegs. Die drei erreichten den Gipfel des Eigers gegen halb acht Uhr abends. Das Drama passierte beim Abstieg über die Westflanke. In einer Höhe von 2800 Metern stürzte der junge Franzose in ein Couloir und zog sich dabei tödliche Verletzungen zu. Seine beiden Seilpartner alarmierten die SAC-Rettungsstation Lauterbrunnen. Wegen starker Windböen musste der sofort eingeleitete Versuch, die Männer zu bergen, allerdings abgebrochen werden. Der zweite Rettungsversuch am frühen Donnerstagmorgen glückte. Die beiden Überlebenden wurden ins Tal geflogen. Kurz darauf konnten die Flugretter auch den Leichnam des Verunfallten bergen.

Die am eindrücklichsten überlieferte Katastrophe ist die einer Viererseilschaft, die die Nordwand flugs zur »Mordwand« und den Deutschen Toni Kurz zur Legende machte.

Toni Kurz steigt am 18. Juli 1936 zusammen mit seinem deutschen Seilkollegen Andreas Hinterstoisser ein. Noch am selben Tag schließen sie sich mit den beiden Österreichern Willi Angerer und Edi Rainer zu einer Viererseilschaft zusammen. Eine Verkettung unglücklicher Umstände, kombiniert mit einem Wetterumsturz, führt dazu, dass sie zwei Tage später, vom Todesbiwak aus, den Rückzug antreten. Wohlwissend, dass dieser noch keiner Seilschaft zuvor geglückt ist. Am 21. Juli stürzen sie. Ob wegen eines Eisschlags, eines Lawinenabgangs, eines Steinschlages oder wegen eines technischen Fehlers, kann nicht gesagt werden. Schlechtes Wetter verhüllt den Blick der Neugierigen auf der Kleinen Scheidegg, die seit dem Einstieg der Kletternden hinter den Fernrohren Schlange stehen.

Das Unglück passiert knappe hundertfünfzig Meter oberhalb des Stollenloches der Jungfraubahn, durch welches sich die vier retten wollen. Der Streckenwärter Albert von Almen, der kurz zuvor noch nach ihnen gerufen hat, braut schon Tee für die vier Durchfrorenen, die, wie er meint, jeden Moment zu ihm hereinkommen müssen.

Hinterstoisser stürzt bis zum Wandfuß ab, Angerer erhängt sich beim Sturz in seinem Seil, Rainer überlebt den Sturz, erfriert dann aber hängend im Seil. Toni Kurz überlebt und kann den Streckenwärter, als dieser ungeduldig nachschaut, wo die vier bleiben, mit Rufen über seine Notsituation aufklären.

Von Almen nimmt mit dem Streckentelefon Verbindung zur Station Eigergletscher auf. Hans Schlunegger, Adolf und Christian Rubi, drei Bergführer aus Wengen, fahren mit einem Sonderzug ins Stollenloch, steigen durch dieses in die Nordwand ein und queren zu Toni Kurz hinüber, kommen aber wegen der Eisschicht, die den Fels überzieht, nicht näher als vierzig Meter an ihn heran. Es wird Nacht, sie verlassen die ungemütliche Stelle, versprechen dem Verletzten, am nächsten Tag wiederzukommen. Keiner glaubt daran, dass Kurz die eisig kalte, sturmgepeitschte Nacht überleben wird. Doch Kurz verliert in dieser Nacht nicht sein Leben, sondern »nur« seinen linken Arm, der ihm, nachdem er seinen Handschuh verloren hat, abfriert.

Weil die Retter auch am Morgen nicht näher an ihn herankommen, schneidet Toni Kurz das Seil seines toten Kollegen Angerer durch und löst mit den Zähnen und der Hand des noch heilen Armes die Litzen des gefrorenen Seils, knüpft die beiden dadurch gewonnenen Schnüre zusammen und lässt sie zu den Rettern hinunter. Diese binden ein langes Seil daran, er zieht es herauf und verlängert seines damit. Ein unglaublicher Kraftakt, der Stunden dauert! Anstrengung und Schmerzen, die damit verbunden gewesen sein müssen, sind – auch wenn es einige Schriftsteller zum Teil sehr pathetisch versucht haben – nicht beschreibbar. Von der Kälte, dem Hunger, dem Durst und der Einsamkeit des im Seil hängenden Mannes ganz zu schweigen.

Toni Kurz müsste nach menschlichem Ermessen längst tot sein, aber der Dreiundzwanzigjährige will alles andere als sterben. Meter um Meter seilt er sich selbst ab. Fünf Meter trennen ihn von den rettenden Armen, als der Knoten der Verknüpfungsstelle nicht durch den Karabiner will, was ihn definitiv dem Tod ausliefert. Mit den Worten: »Ich kann nicht mehr«, gibt er auf.

Geborgen wird er am 24. August. Einen Monat brauchte man, um am Fuß der Wand seinen Leichnam zu finden, den man mit Hilfe eines an einer Stange befestigten Messers vom Seil geschnitten hatte.

Die Geschichte des Toni Kurz hätte wohl nie diese Brisanz erlangt, wenn es die Jungfraubahn damals noch nicht gegeben hätte. Nur dank ihr gibt es das Stollenloch, durch welches die Retter in die Wand einsteigen und derart nah an ihn herankommen konnten. Sonst wäre Kurz wie so mancher andere in der Wand allein und einsam gestorben.

Aber es gab die Jungfraubahn längst. Sie war bereits in den Jahren 1896 bis 1912 gebaut worden, was einer Sensation gleichkommt. Sie verbindet die Kleine Scheidegg, auf 2061 Meter über Meer, mit dem Top of Europe, dem Jungfraujoch, 3454 Meter über Meer. Dazwischen liegen sieben Kilometer Tunnel. Vier davon gehen durch den Eiger, drei durch den Mönch. Bauherr war der Zürcher Industrielle Adolf Guyer-Zeller. Der zündende Funke für dieses irre Bauvorhaben vor rund hundert Jahren soll ein simpler Geistesblitz gewesen sein.

Geschuftet haben bis zu 160 Italiener. Jeder von ihnen schlecht bezahlt, mies untergebracht, unterernährt und durch Starkstrom-, Spreng- sowie zahlreiche andere Unfälle vor allem an Augen, Händen und Fingern oft verletzt. Dazu kamen: Staub, Lärm, Kälte. Liegestätten aus verfaultem Stroh, die sich drei Arbeiter teilen mussten, Flöhe und Wanzen in den Wolldecken. Dreißig Arbeiter kostete der Bau der Jungfraubahn, die heute bis zu einer halben Million Touristen jährlich befördert, das Leben.

Nach der Tragödie der abgestürzten Viererseilschaft und dem langsamen Tod von Toni Kurz erließen die Richter in Bern noch im selben Monat ein Verbot, »das letzte Problem der Alpen« zu begehen. Dieses Verbot musste jedoch schon vier Monate später wegen rechtlicher Mängel aufgehoben werden, und so führte am 24. Juli 1938 der deutsche Anderl Heckmair seinen Landsmann Ludwig Vörg und die beiden Österreicher Fritz Kasparek und Heinrich Harrer, die einen Tag vor ihnen eingestiegen waren, erfolgreich auf den Gipfel. Heckmair hatte die Wand studiert und dabei erkannt, dass sie mehr Eis- als Felskletterei verlangt, und stieg mit seinem Partner mit den damals noch völlig neuartigen Zwölf-Zacken-Steigeisen ein. Heinrich Harrer verlangsamte die ganze Seilschaft, weil er gar keine Steigeisen dabeihatte.

Es dauerte neun Jahre, bis den Franzosen Lionel Terray und Louis Lachenal im Juli 1947 die zweite Durchsteigung gelang. Bei der dritten Begehung, im August desselben Jahres, führten die Schweizer Bergführer Hans und Karl Schlunegger den ersten »Gast« durch die Wand. Die erste Solobegehung gelang dem Walliser Michel Darbellay 1963. Die erste Frau, die die Nordwand alleine durchstieg, war die Französin Catherine Destivelle im Jahr 1992. Die erste Winterbegehung erfolgte 1961 durch die Deutschen Toni Kinshofer, Toni Hiebeler, Anderl Mannhardt und den Österreicher Walter Almberger. Der Schnellste war der Südtiroler Christoph Hainz. Im Alleingang rannte er die Eiger-Nordwand im März 2003 förmlich hoch. Und zwar in viereinhalb Stunden.

Das war eine Leistung, die Ueli dazu veranlasste, sich intensiv mit der Frage auseinanderzusetzen: »Wie ist es möglich, diese 1800 Meter in so kurzer Zeit zu klettern?« Und: »Liegt vielleicht sogar eine bessere Zeit drin?« Um beides herauszufinden, steigt er im Februar 2007 zweimal in die Wand ein. Das erste Mal mit Nicole, der er die Heckmair-Route zu einem unvergesslichen Geburtstagsgeschenk macht. Die beiden brauchen so lang, wie versierte Bergsteiger eben brauchen – zwei Tage. Im Gepäck haben sie richtig gutes Essen, den kleinen Kaffeekocher, der bei Ueli nie fehlen darf, und zwei Schlafsäcke. O-Ton Ueli: »Nach einer wohlig warmen Nacht, die wir im

Todesbiwak auf diesem äußerst komfortablen Balkon verbrachten, war das Aufstehen am Morgen fast so mühsam, wie es zu Hause ist, wenn man aus den warmen Federn rausmuss.« Nach einigem Hin und Her raffen sie sich auf und stehen am Nachmittag des 18. Februar 2007 Punkt 15.30 Uhr auf dem Gipfel des Eigers. Ueli weiß nun, dass in der Eiger-Nordwand ideale Bedingungen herrschen.

Drei Tage später, am 21. Februar 2007, macht er sich erneut auf den Weg zum Einstieg der Heckmair-Route. Dort angekommen, setzt er sich in den Schnee, geht die Wand in Gedanken hoch: »Wo muss ich besonders aufpassen?« – »Wo werde ich mich sichern?« Und vor allem: »Wo ist es möglich, Vollgas zu geben?«

Vollgas, eines seiner Lieblingswörter. Um Vollgas zu geben, müssen die Voraussetzungen optimal sein, seine körperlichen ebenso wie seine geistigen, die des Wetters genauso wie die des Schnees. Sein Trainingszustand muss der Herausforderung, der er sich stellt, perfekt angepasst sein. So trainiert er für eine Begehung im Himalaja anders als für eine Speed-Begehung in der Eiger-Nordwand. Das Zauberwort in dieser schwierigen Wand ist Ausdauer. Und Kraft. Wie er dafür trainiert, darüber will er nicht reden. »Ich kann hier nicht meine ganzen Trainingsgeheimnisse verraten.« Nur so viel gibt er preis: »Für die Eiger-Nordwand machte ich drei bis vier Stunden Lauftraining pro Tag.« Dass er dabei nie in der Ebene, sondern immer schön bergauf joggte, versteht sich von selbst: »zum teil bis zu dreitausend Höhenmeter.«

Als er einsteigt, ist er sich sicher, dass er ohne Schaden oben ankommen wird, aber er ist sich ganz und gar nicht sicher, ob er den Rekord, den Hainz aufgestellt hat, unterbieten kann. Macht nichts. Er freut sich jetzt einfach aufs Klettern. Drückt den Knopf der Stoppuhr an seinem Handgelenk, und los geht's. Er folgt den Spuren, die Nicole und er vier Tage zuvor gelegt haben. Unterwegs sichert er sich insgesamt dreimal.

Als er auf dem Gipfel steht, drückt er den Knopf seiner Uhr. Schaut auf die gestoppte Zeit. Freut sich. Wunderbar kurze drei Stunden, vierundfünfzig Minuten und ein paar Sekunden liegen hinter ihm. Eine gute halbe Stunde unter dem bisherigen Rekord.

Wieder im Tal, wird er diese neue Bestzeit so kommentieren: »Ich stand in der Sonne und hatte die Gewissheit, etwas vollbracht zu haben, was ich wenige Stunden zuvor noch für fast unmöglich gehalten hatte.« Er kann in diesem Moment des Triumphes noch nicht wissen, dass er knappe zwölf Monate später nochmals gegen sich selbst antreten wird.

Aber schon bald wird ihm klar: Es ist mehr möglich. »Es war – wie soll ich das erklären? Ich mache ein Beispiel: Nehmen wir einen Hundertmeterläufer, der Weltrekord gelaufen ist. Er wird sich freuen, aber wenn er auch nur die kleinste Ahnung hat, dass es nicht sein bester Lauf war, weil er auf den ersten zehn Metern Zeit verloren hat, die er das nächste Mal – wenn er noch perfekter läuft – für sich gewinnen kann, wird er erst dann zufrieden sein, wenn er den Rückstand auf sich selbst einholen konnte. Nun – mir wurde schnell klar, dass die gekletterte Zeit über dem lag, was ich wirklich bringen konnte.«

Also klettert Ueli die Wand wieder und wieder, kreiert Kletterzüge, die es ihm erlauben, auch schwierige Stellen ohne Sicherung zu klettern. Oder sucht – wenn er diese Möglichkeit nicht findet – nach Ausweichmöglichkeiten. Nach Stellen, die besser, »einfacher« zu klettern sind. Er realisiert, dass er leichter werden muss, und speckt von 69 Kilo auf 64 Kilo ab.

Und dann ist es wieder Februar. Diesmal der des Jahres 2008. Wieder sind die Verhältnisse perfekt. Wieder ist der Himmel stahlblau, ist es nicht zu warm und auch nicht zu kalt. Stabile Hochwetterlage. Einzig der Tag könnte, wenn es nach Ueli ginge, ein anderer sein. An einem Dreizehnten einzusteigen ist dann doch nicht ganz nach seinem Gusto. Obwohl sich dieses Datum in der Excalibur eigentlich bewährt hat … Und im Innersten weiß er, dass er seinen Aberglauben wegstecken kann: »So stark ist der nicht, dass ich ihn über meine mentale Verfassung stellen würde. Und die war an diesem Tag tipptopp.« Seine Motivation, in die Wand einzusteigen, ist riesig, denn er weiß einfach, dass er die eigene Bestmarke unterbieten kann, und er freut sich, seinen Körper auf dessen Leistungsfähigkeit und Ausdauer hin testen zu können.

Um noch schneller zu sein, verzichtet er dieses Mal tatsächlich auf jegliche Selbstsicherung mit dem Seil. Was er sich gönnt, sind einzig und allein ein Klettergurt und eine Schlinge, die es ihm erlauben, zwischendurch Haken einzuhängen, um wenigstens für zwei, drei Züge »gesichert« zu sein. Das ist auch der Grund, warum er nicht von einer Free-solo-Begehung spricht. Dank des fehlenden Sicherungsseils wiegt seine Ausrüstung drei Kilogramm weniger. Hinzu kommen die fünf Kilogramm, die er abgenommen hat. Drei und fünf macht runde acht Kilogramm, um die er dieses Mal leichter unterwegs ist.

Im unteren Wandteil liegt sehr viel Schnee, was ihn extrem Kraft und auch Zeit kostet. Die Entschädigung dafür wartet im oberen Wandteil. »Ab dem ›Schwierigen Riss‹ waren die Bedingungen absolut ideal, sodass ich die technisch anspruchsvollen Passagen sogar ohne Handschuhe klettern konnte.«

Als er auf dem Gipfel steht, drückt er die Stoppuhr, schaut auf die gestoppte Zeit, denkt: »Das kann nicht sein.« Setzt sich hin. Atmet durch. Schaut nochmals. Denkt: »Das muss ein Fehler sein.« Atmet ein. Schaut abermals. Atmet aus. Denkt: »Wenn das kein Fehler wär, wär das nicht schlecht.«

Unten auf der Kleinen Scheidegg sitzen zwei seiner Freunde bei einem Bier. Sie haben ihn bis zum Einstieg der Heckmair-Route begleitet und, als er eingestiegen ist, ebenfalls die Stoppuhr gedrückt, sind dann zurückgestiegen und haben Ueli mit dem Fernglas beobachtet. Haben die Zeit geprüft, als er auf dem Gipfel angekommen war. Sie bestätigen ihm später, was kaum zu glauben ist: Ueli hat seine eigene Bestmarke um mehr als eine Stunde unterboten.

Die neue Rekordzeit beträgt: Zwei Stunden. Siebenundvierzig Minuten. Dreiunddreißig Sekunden. In Zahlen: 2 Stunden, 47 Minuten, 33 Sekunden.

Ueli Steck ist die Wand nicht hochgerannt – er ist sie förmlich hinaufgeflogen. So, als gäbe es keine Schwerkraft. So, als läge unter ihm nicht Abgrund, sondern ein Luftkissen. So, als gäbe es nichts Einfacheres, als die Flügel zu spreizen und den Berg hinaufzufliegen. Einzig, dass er keine Flügel hat, sondern Arme und Beine, seine Zug- und seine Stoßkraft. Die Energie für diese Leistung kommt aber mit Bestimmtheit nicht nur aus seinem trainierten Körper – dafür braucht es mehr.

Es braucht ein Kämpferherz – »Ich liebe ihn einfach, den Wettkampf mit mir selbst.« Es braucht enormen Willen – »Hinauf kommt nur, wer wirklich will.« Und es braucht mentale Stärke – »All das, was man sich vorstellen kann, wird eines Tages möglich sein.«

Was es auch noch braucht, das ist Mut. Den Mut, sich der Tatsache zu stellen, dass man sein eigenes Schicksal zwar beeinflussen, nie aber bestimmen kann.

Zurück zur Geschichte der »Mordwand«: Sie kostete in den letzten 73 Jahren 64 Männer das Leben. Frauen verschonte sie bisher. Dies, obwohl die erste Frau, die Genferin Loulou Boulaz, bereits 1937 einstieg, dann allerdings abbrechen musste. Die erste erfolgreiche Begehung durch eine Frau erfolgte im Jahr 1964 durch die Münchnerin Daisy Voog. Es gab reine Frauen- und immer wieder gemischte Seilschaften, und es gab Alison Hargreaves die, als sie die Eiger-Nordwand 1988 durchstieg, im sechsten Monat schwanger war. »Lieber einen Tag Tigerin als tausend Tage lang ein Schaf.«

Im selben Jahr, 1988, am 24. Juli, meinte der Bergführer Edi Bohren anlässlich der Fünfzigjahrfeier der Erstbegehung: »Wenn die Wand um 180 Grad gedreht wäre, gäbe es den ganzen Rummel nicht.« Und brachte es damit wohl auf den Punkt. Der Reiz der Nordwand liegt für das breite Publikum darin, dass sie die Bühne ist und die Kleine Scheidegg der Zuschauerraum. Der Vorhang wird vom Wetter bedient und unterliegt einer absolut unberechenbaren Regie. Nebel, Wind, Schneefall, Regen, Blitz und Donner kommen, wann sie wollen, und verhüllen die Nordwand auch dann, wenn die restliche Schweiz sich über blauen Himmel und Sonne freut. Ist die Sicht klar, garantieren die fest installierten Fernrohre, die auf der Kleinen Scheidegg zu Operngläsern werden, perfekten Nervenkitzel.

Nur, will man die kleinen Menschen in dieser riesigen Wand überhaupt finden, braucht es ein sehr geübtes Auge oder die Hilfestellung eines Einheimischen, der die möglichen Routen – inzwischen sind es siebenundzwanzig – kennt. Denn die Wand verschluckt den Bergsteiger förmlich.

Mario Menti und Bartolo Sandri, die beiden Italiener, deren Namen ich auf der Gedenktafel sah und nicht mehr vergaß, spie sie, wie so viele andere, ohne Pardon wieder aus. Ihr Schicksal beschreibt Heinrich Harrer, einer der Erstbegeher der Nordwand und spätere Tibetexperte, in seinem Klassiker »Die Weiße Spinne« so: »Der Sommer 1938 begann mit einem traurigen Auftakt. Er kostete zwei junge italienische Bergsteiger das Leben. Bartolo Sandri und Mario Menti, beide Arbeiter in einer Wollfabrik von Valdagno in der Provinz Vicenza, waren trotz ihrer dreiundzwanzig Jahre schon angesehene Mitglieder des Club Alpino Italiano. Vor allem Sandri galt als hervorragender Kletterer. Zahlreich waren seine Bergfahrten sechsten Grades, darunter einige Erstbesteigungen. Eis- und Westalpenerfahrung hatten die beiden allerdings kaum. Sie kamen nach Alpiglen und der Kleinen Scheidegg wie alle echten Bergsteiger, schweigend, ohne Aufsehen, ja fast geheimnisvoll. Sie beobachteten die Wand, versuchten sich in ihr und kamen wieder zurück, nachdem sie den untersten Vorbau erkundet hatten.« Ein paar Sätze weiter: »Die Wand war einfach noch nicht begehbar in diesem Jahr. Trotzdem stiegen Bartolo und Mario am 21. Juni früh ein.« Dann: »Ihr Mut und ihre Begeisterung waren groß, ihr Ehrgeiz brennend. Sie konnten nicht warten. Doch die Natur handelt nach eigenen Gesetzen. Sie kümmert sich nicht um Mut, Begeisterung und Ehrgeiz. Am späten Abend kam eines der berüchtigten Eigergewitter. Schon am nächsten Tag fand eine Suchmannschaft von Grindelwalder Bergführern unter der Leitung von Fritz Steuri dem Älteren, Bartolo Sandri, tot auf einem Schneefeld am Fuß der Wand. Die Leiche Mario Mentis konnte erst nach einigen Tagen aus einer tiefen Spalte geborgen werden. Das war ein trauriger Anfang des Sommers 1938 in der Eigerwand. Aber er konnte die Entwicklung der Zeit nicht aufhalten.«

Als ich die ersten Meter der Nordwand erklomm, berührte ich die Gedenktafel der beiden mit dem linken Fuß so unglücklich, dass sie scheppernd ins Geröll fiel. Ich entschuldigte mich laut und muss gestehen, dass ich den Vorfall schnell wieder vergaß. Es war Ueli, der, nachdem er erst mich und dann sich selbst abgeseilt hatte, sie aufhob, vom Staub befreite, an ihren Platz zurückstellte und sie dort mit einem großen Stein sicherte. Eine Geste, die mich rührte.

The Young Spider

Ueli – seit wann kletterst du?

Seit ich zwölf bin. Vielleicht auch dreizehn – ich weiß es nicht mehr.

Um Spitzensport zu treiben, hast du also eher spät damit begonnen.

Ich spielte damals schon ein paar Jahre intensiv Eishockey, zusammen mit meinem Bruder Bruno, der später beim Zürcher Schlittschuh-Club Profi wurde. Dass ich zum Klettern kam, verdanke ich Fritz Morgenthaler, einem Freund meines Vaters, der uns einlud, ihn mal zu begleiten. Er führte uns in die Schrattenfluh im Entlebuch. Es kam mir – in meiner Ungeduld – ewig vor, bis wir endlich im Klettergarten standen. Als ich dann allerdings am Ende meiner ersten Kletterroute fünfzehn Meter über Boden auf einer kleinen Plattform kniete, hatte ich alle Geduld der Welt. Ich wollte immer so bleiben, mich nie mehr bewegen. Und schon gar nicht aufstehen. Mich aufzurichten und das Seil in den letzten Karabiner zu hängen war schlicht undenkbar. Mir zitterten nicht nur die Knie!

Du bist aber doch nicht etwa vorgestiegen?

Doch!

Aber du hättest doch im Nachstieg gehen können. Nein, du hättest im Nachstieg gehen müssen – du hattest doch keinerlei Erfahrung!

Stimmt. Aber Fritz meinte, wenn ich raufwolle, dann müsse ich raufklettern, und wenn ich das gut machen wolle, dann gebe es nur den Vorstieg. Er hat mir alles genau erklärt. Ich wusste also, wo und wie ich das Seil an den verschiedenen Stellen einhängen musste. Was mir beim Raufklettern allerdings überhaupt nicht bewusst war, war der Umstand, dass ich wieder runterkommen musste. Mich ins Seil zu setzen, um abgeseilt werden zu können, war schließlich die größere Mutprobe, als das Seil endlich doch noch oben einzuhängen.

Und dein Vater hat zugeschaut?

Mein Vater läuft ganz auf der Linie: Wenn man etwas macht, dann richtig, sonst lässt man es besser gleich bleiben. Als ich endlich wieder unten war, haben wir gepicknickt und gingen dann heim. Der Rückweg kam mir sehr viel kürzer vor, was daran gelegen haben muss, dass ich enorm glücklich war. Ich fragte Fritz, ob er mich wieder mal mitnehmen würde. Und das tat er dann auch. Und wenn er keine Zeit hatte, dann begleitete mich mein Vater.

Er kletterte auch?

Nein, er hat vom Klettern keine Ahnung. Er sicherte mich.

Wusste er denn, wie man das richtig macht?

Er kannte den Halbmastwurf von der Feuerwehr her, das genügte.

Aber zum Sichern braucht es ja wohl mehr als einen Halbmastwurf. Zum Beispiel braucht es viel Erfahrung, damit der Sichernde dem Stürzenden genügend Seil gibt und seinen Sturz gekonnt abfängt.

Nun ja, das verlief vielleicht nicht immer ganz optimal.

Was heißt das?

Schürfwunden und blaue Flecken, die gab's immer wieder. Es war manchmal eine harte Schule, aber das war egal. Was zählte, war die Tatsache, dass mein Vater ein guter Motivator ist. Den Satz: Du kommst nur nach oben, wenn du da auch wirklich hinwillst, hörte ich oft. Ruhte ich mich in einer schwierigen Route an einem Haken aus oder machte Pause, weil ich die Möglichkeiten für einen weiteren Kletterzug nicht sah, schrie er von unten rauf: »Tu nicht so! Weiter! Das geht schon!« Und dann: »Hü und hopp!« Das waren seine Lieblingsworte.

Hü und hopp?

Ja. Hü und hopp! Und ich, ich schwitzte Blut. Aber da war ich auch selber schuld, ich hätte ja nicht immer ans Limit gehen und mir die schwierigsten Routen aussuchen müssen. Das Gute daran war, dass ich – hü und hopp! – immer wieder ins Seil gestürzt bin und langsam, aber sicher die Furcht vor dem Rausfliegen verlor. Etwas, das ganz wichtig ist. Schwieriges Klettern geht nur, wenn die Angst vor dem Sturz weg ist. Als es so weit war, musste ich mich entscheiden.

Eishockey oder Klettern?

Mein Vater meinte, wenn ich weiterhin Eishockey spielen wolle, müsse ich mit Klettern aufhören. Ich machte es genau umgekehrt, was ihn nicht glücklich machte, aber er akzeptierte es. Dass ich mich entscheiden musste, gab mir den Ansporn, noch intensiver zu trainieren. In der Kletterhalle. Dort realisierte ich, dass ich vom Niveau her bereits so kletterte wie andere, die schon viel länger dabei waren. Bald nahm ich an den Sportkletterlagern der Jugendorganisation vom Schweizer Alpen-Club teil und fühlte mich dort unter meinesgleichen. Ich begann mit Sportkletterei, kam ins Juniorennationalteam. Aber die Kletterei in der Halle interessierte mich schnell nicht mehr. Ich wollte bergsteigen. Beides zusammen – Sportklettern und Bergsteigen – auf hohem Niveau, das geht nicht, vor allem nicht, wenn man daneben noch eine Lehre macht.

Du hast Zimmermann gelernt – warum gerade Zimmermann?

Weißt du, was ein Zimmermann macht?

Er geht katzengleich über zehn Zentimeter breite Balken, als lägen diese auf dem Boden. Und dies in einer Höhe, dass mir nur schon vom Zuschauen schwindlig wird. Und manchmal kniet er auf einem Balken und hält sein Gleichgewicht nur dank einer an den First gepressten Schuhspitze.

Also! Warum fragst du dann noch?

Weil ich es von dir hören will. Warum gerade Zimmermann?

Weil ich, wenn ich schon eine Lehre machen musste, und das musste ich, das war sonnenklar, wenigstens eine machen wollte, bei der ich durch die Luft gehen konnte. Bald faszinierte mich allerdings noch ein weiterer Aspekt: Dieses Sich-ständig-bewusst-sein-Müssen, was man im Falle eines Falles tut.

Und – bist du gefallen?

Einmal hat mich der Kranführer mit der Last, die er angehängt hatte, aus meiner vermeintlichen Sicherheit rausgehebelt. Hätte ich den Balken unter mir nicht sofort umarmt, wäre ich wohl im Krankenhaus gelandet.

Wie hast du diesen Schreck verarbeitet?

Indem ich aufgestanden bin und weitergearbeitet habe. Der Job verlangte mir in den ersten Monaten vor allem physisch alles ab. Ich war wochenlang fix und fertig; später hatte ich genügend Energie, um nach Feierabend wenigstens noch ein wenig bouldern zu gehen. Ich habe damals vor allem an den Wochenenden trainiert.

An den Wendenstöcken?

Auch, aber es waren nicht die Wendenstöcke, die mich an die Eiger-Nordwand denken ließen – es war ein anderer Berg im Berner Oberland. Der Wetterhornpfeiler. Dreißig Seillängen.

Wie alt warst du?

Siebzehn. Markus Iff, mein Kletterpartner, war drei Jahre älter. Als wir vor dem Berg standen, schauten wir uns an und meinten: »Das ist jetzt mal ein richtiger Berg.« Wir begannen zu klettern. Mit Kletterfinken. Stiegen zehn Stunden später mit den mitgenommenen Bergschuhen wieder ab. Inzwischen war es halb zehn Uhr nachts geworden! Der letzte Zug verließ Grindelwald um zehn vor zehn, wir mussten uns also sputen. Wir joggten den ganzen Weg zurück, aber es half nichts. Der Zug war pünktlich und wir exakt fünf Minuten zu spät. Ich rief zu Hause an, um zu sagen, es gehe mir gut, ich käme allerdings erst am Morgen heim, und bevor die Eltern mehr als okay sagen konnten, hängte ich schnell auf. Ich wollte nicht, dass sie uns abholen. Wir hatten den ganzen Tag in der Senkrechten verbracht, also konnten wir in der Waagrechten auch ohne fremde Hilfe zurechtkommen.

Und dann habt ihr ein Hotel gesucht?

Ein Hotel? Das wäre mir nicht im Traum eingefallen. Glaub mir, hätte ich das Geld für ein Hotelzimmer gehabt, hätte ich es nicht in ein Bett, sondern in Karabiner investiert. Von denen hatte ich dauernd zu wenig.

Wo habt ihr denn dann übernachtet?

Auf einem Parkplatz.

Ohne Schlafsack?

Wir hatten unsere Rettungsdecke. Aber es stimmt schon, wir schliefen nicht viel. Am Morgen tat uns alles weh, wo wir hinschauten, lag Frost, es war September und schon sehr kalt. Um sieben rief ich meinen Lehrmeister an. Ich sagte nicht, ich sei krank, sondern die Wahrheit. Er war alles andere als begeistert. Um ein Uhr mittags war ich auf der Baustelle und spürte sofort, dass mein kleines Vergehen mich von einem Moment zum anderen zu einem nicht mehr ganz so guten Lehrling gemacht hatte.

Du bist nach einer solchen Tour und einer durchwachten Nacht zur Arbeit gegangen?

Das war die logische Konsequenz. Bis Ende der Woche waren die verlorenen Stunden und einige zusätzliche aufgearbeitet. Ich war zwar müde, aber auch sehr zufrieden. Der Lehrmeister war noch lange sauer, aber ich hatte erreicht, was ich erreichen wollte, und musste mir – davor graute mir – keine neue Lehrstelle suchen. Was wir physisch am Wetterhornpfeiler geleistet hatten, wurde mir erst bewusst, als die, denen ich davon erzählte, große Augen machten und mich darauf hinwiesen, dass selbst erfahrene Kletterer bis zu zwei Tage brauchen können, um ihn zu klettern.

Und ihr Jungspunde hattet es in einem Tag geschafft.

Als Markus und ich realisierten, dass der Wetterhornpfeiler mit AS-, mit äußerst schwierig minus, bewertet war und die Eiger-Nordwand mit AS, trauten wir sie uns zu.

AS – äußerst schwierig?

Ich hatte damals schon einen rechten Leistungsausweis, aber dass ich eines Tages die Nordwand des Eigers in Betracht ziehen könnte, davon hatte ich bis zu diesem Zeitpunkt noch nicht einmal geträumt. Für mich war klar, wer die Eiger-Nordwand klettern kann, dem sind keine Limits mehr gesetzt. Markus und ich vereinbarten, dass wir nach einem zwölfmonatigen Training einsteigen wollten, und begannen damit, jeden Abend zu joggen. Als der Winter kam, mit Stirnlampen. Immer bergauf. Mit Rucksack. Darin Steigeisen und Eispickel. An den Händen keine Handschuhe, damit sich die Finger an die Kälte gewöhnen konnten. Immer dieselbe Strecke.

Wird das nicht langweilig mit der Zeit?

Wir haben die Strecke sehr bewusst ausgewählt, weil wir so an hölzernen Telefonmasten vorbeikamen, an denen wir unsere Eisgeräte ausprobieren konnten.

Die Steigeisen und die Eispickel, die ihr im Rucksack mitgeschleppt habt?

Wir kletterten hoch und wieder runter. Und wieder hoch und wieder runter. Wieder und wieder. Immer nur im Dunkeln, wegen der Polizei.

Und – lass mich raten – ungesichert?

Ja.

Wie hoch sind diese Masten?

Was sind die? Acht, neun Meter, vielleicht. Das ging schon. Vergiss nicht, ich kletterte damals im neunten Grad!

In Kletterfinken! Nicht mit Steigeisen!

Es war ja nicht so, dass ich zuvor nie mit Eisgeräten geklettert wäre. Ich hatte sie schon oft in der Schrattenfluh ausprobiert.

In der Schrattenfluh, da warst du immer wieder?

Ja, insbesondere für die Vorbereitung der Eiger-Nordwand. Die Schrattenfluh hat viele Routen im fünften, sechsten Grad und eine Hütte, in der man bequem übernachten kann. Die schwierigste Seillänge in der Heckmair-Route, und die wollten wir ja begehen, ist 5+. Auf der Schrattenfluh waren wir – allerdings erst nach unserem Training an den Telefonmasten – mit Steigeisen den sechsten Grad geklettert. Auch im Fels.

Ihr seid im Sommer eingestiegen – wäre es nicht besser gewesen im Winter?

Im Winter ist die Wand sicherer, das stimmt. Und, zugegeben, die hohen Temperaturen, die damals herrschten, waren sicher nicht optimal, aber ich hatte – wegen Überzeit – fünf Wochen Sommerferien, und die wollte ich nutzen. Wir machten einige Touren im Eis. Eines Tages schlugen wir unser Zelt im Chräjenbüel auf. Übernachteten dort. Erstens, weil das Guesthouse beim Eigergletscher zu teuer gewesen wäre, zweitens, weil wir nicht wollten, dass jemand Fragen stellte.

Somit wusste niemand, dass ihr einsteigt?

Meine Eltern, die wussten es schon.

Und?

Und waren gar nicht glücklich darüber.

Aber verboten haben sie es dir nicht?

Meine Eltern haben mir nie etwas verboten.

Hätte wohl auch nicht viel Sinn gehabt.

Ich meinerseits hätte meiner Mutter gerne verboten, »Die Weiße Spinne« zu lesen. Was natürlich nicht ging, also bat ich sie, das Buch wenigstens erst dann in die Hand zu nehmen, wenn ich zurück war. Eine Bitte, die sie mir ausschlug. Sie las, und ich versuchte sie damit zu beruhigen, dass heute alles anders sei als früher. Später sagte sie mir, sie habe in dieser Zeit sehr schlecht geschlafen. Ich übrigens auch. In der Nacht bevor wir eingestiegen sind, habe ich kein Auge zugekriegt. Ich war ziemlich gefordert. Vor allem, weil ich all die Horrorgeschichten der Wand kannte. Die Eigerwand war schon ein großer Schritt.

Ihr hättet euch einen Bergführer nehmen können, dann hättest nicht nur du, dann hätte auch deine Mutter besser geschlafen.

Und wie bezahlen? Aber – ehrlich gesagt – wir hätten ihn auch nicht genommen, wenn wir das Geld dafür gehabt hätten. Mit einem Bergführer wäre ich mir vorgekommen wie ein Alpinist im Himalaja, dem ein Sherpa den Sauerstoff nachschleppt. Nein, danke! Wir wollten es selber durchziehen. Unsere Sicherheit war unsere Vorbereitung. Wir haben alles, was uns über die Eiger-Nordwand in die Hände kam, gelesen, insbesondere Harrers »Weiße Spinne«. Wir waren nicht nur physisch vorbereitet, sondern wussten auch, dass die Wand eine gute Psyche voraussetzt, und die glaubten wir zu haben.

Du warst damals achtzehn!

Exakt. Was wir nicht vorhersehen konnten, war, dass wir unsere ersten Probleme schon kurz nachdem wir aufgestanden waren, bekommen würden.

Kein Kaffee?

Schlimmer. Wir fanden unsere für alle Eventualitäten, wie Rückzug und so, bis oben hin vollgepackten Rucksäcke nicht mehr.

Gestohlen?

Woher! Wir hatten sie, damit wir nicht schon am Morgen schleppen mussten, am Abend davor an den Wandfuß getragen und dort hinter einem großen Stein deponiert. Im Lichtkegel unserer Stirnlampen sahen wir plötzlich nicht mehr nur diesen einen großen Stein, sondern hunderte.

Es war noch Nacht?

Wir standen morgens um zwei auf. Um drei hatten wir unsere Rucksäcke endlich doch noch gefunden und stiegen ein. Trotz auswendig gelerntem Routenbeschrieb kletterten wir in der Dunkelheit dann aber ein paar Stellen schwieriger als nötig.

Was ist ein Routenbeschrieb?

Da heißt es zum Beispiel: Nach zehn Metern beim Haken rechts, dann auf der Platte zwei Meter rüberqueren und so weiter. Wir hatten ihn auswendig gelernt wie vorher noch nie etwas in unserem Leben. Leider war nicht beschrieben, dass der Wasserfallkamin im August – nachmittags um fünf – mehr Wasserfall als Kamin war. Ich dachte nur: Das sieht aber sehr nass aus.

Und dann?

Dann versuchte ich am Pfeiler links des Wasserfallkamins zu klettern, aber das war grauenhaft schwierig. Zu schwierig. Ich stürzte.

Ins Seil?

Kein Problem, es hatte zwei Haken im Fels, und ich sah, dass sie halten würden, sonst hätte ich es gar nicht erst versucht. In der Schrattenfluh kletterte ich viel mit geschlagenen Haken und hatte deshalb ein wenig Erfahrung im Einschätzen, welche hielten und welche nicht.

Außer damals, als dich Röbi Bösch in der Rosenlaui in einer Mixed Route fotografiert hat und dich noch darauf aufmerksam machte, dass der Haken schlecht geschlagen sei.

Ich bin heute sicher gescheiter als damals, aber das sind wir ja alle.

Heute weiß ich zum Beispiel auch, dass es rechts vom Wasserfallkamin eine Variante gegeben hätte. Aber die sah so schwierig aus, dass ich es noch nicht mal versuchte.

Es gab also kein Entrinnen?

Im Nachhinein schon. Wir hätten biwakieren und am Morgen weitersteigen können, dann wäre das Wasser gefroren gewesen. Aber das kam uns leider nicht in den Sinn. Ein Fehler. Ich musste also, wie es die Route vorsieht, mittendurch. Ich knöpfte meine Goretex-Jacke bis oben hin zu, band die Kapuze fest unter mein Kinn und war heilfroh, dass ich mir das Geld für die wasserdichten Schuhe vom Mund abgespart hatte.

War der Fels nicht glitschig?

Doch! Es war eine Art Flusswandern für Fortgeschrittene. Schon recht technisch. Vor allem aber war es unglaublich schnell unglaublich nass!

Das Wasser floss mir, der Gravitation gehorchend, durch Ärmel und Kragen in immer breiter werdenden Rinnsalen über Ellbogen, Schulterblätter, Hüften, Po, Beine geradewegs in meine Schuhe hinein und von dort nicht mehr weiter. Meine wasserdichten Schuhe waren plötzlich sehr viel dichter, als mir lieb war. Auch von innen.

Wie kalt war das Wasser?

Wie kalt ist Schmelzwasser?

Und wie kalt war es in der Wand?

Drei, vier Grad.

Minus?

Plus, es war ja Sommer! Oben angekommen, sicherte ich Markus, der nachstieg. Wenigstens konnte er etwas ausweichen und wurde so deutlich weniger nass. Wir kletterten noch übers Rampeneisfeld bis vor den Götterquergang, dort war fertig. Meine Zähne klapperten unkontrolliert aufeinander – wäre ich weitergeklettert, hätte es mich aus der Wand geschlottert. Wir sicherten uns mit einem Haken auf einem etwa dreißig Zentimeter breiten Band, die Füße baumelten ins Leere, ich zog meine Schuhe aus, entleerte sie. Wir biwakierten.

Gehe ich recht in der Annahme, dass in deinem bis oben hin mit Material bepackten Rucksack kein Schlafsack war?

Wir hatten einen Biwaksack dabei.

Einen? Für beide?

Zu zweit ist es immer wärmer. Wegen dem Kondenswasser, das sich bildete, erwachten wir am Morgen in einem Sack voll Schnee.

Erwachten? Ihr konntet also schlafen?

Nein, geschlafen haben wir nicht. Es war eine meiner längsten Nächte. Meine Kleider gefroren langsam zu einem Panzer, und leider war ich zu feige gewesen, meine klitschnassen Handschuhe unter meine Jacke an den Körper zu nehmen. Die waren am Morgen so hart gefroren, als kämen sie aus der Tiefkühltruhe.

Du hättest erfrieren können.

Nein, dafür ist die Nordwand zu wenig hoch, das Blut flüssig genug. Überhaupt erfriert man im Sommer in der Nordwand nicht. Zumindest nicht in einer einzigen Nacht. Und zum Frühstück gab's glücklicherweise heißen Tee.

Den Kocher, den hattet ihr also dabei?

Sicher. Das Problem war nur, dass wir in der Nacht die Zündhölzer verloren hatten.

Also keinen heißen Tee?

Doch. Wir entdeckten die Schachtel zwei Meter unter uns auf einem Vorsprung, nun hieß es, so vorsichtig wie möglich runterklettern, bloß kein Steinchen lösen und die Schachtel behutsam aufheben. Wir tranken den Tee und kletterten dann weiter.

Du mit gefrorenen Handschuhen?

Nein, die waren unbrauchbar. Ich hatte zum Glück noch welche dabei, bei denen ich die Finger abgeschnitten hatte. Die Kletterei taute mich auf.

Das heißt, dass der Eispanzer, der dich umgab, schmolz und du wieder klitschnass geworden bist.

Ja. Aber ein bisschen getrocknet sind die Kleider im Verlauf des Tages dann schon noch. Es war – willst du es ganz ehrlich wissen?

Grauenvoll?

Absolut grässlich! Nach dem Götterquergang kam die Spinne. Schnee und Eis und bloße Finger. Meine Haut riss, meine Finger begannen zu bluten.

Hat Markus dir nicht einen seiner Handschuhe angeboten?

Nein. Hätte ja auch nichts gebracht. Im Übrigen hat er es gar nicht bemerkt – wir waren auf das Klettern konzentriert, wir mussten rauf. Stimmt nicht. Wir wollten rauf. Und das taten wir dann auch. Um zwölf Uhr mittags standen wir auf dem Gipfel und waren enorm stolz.

Nach der Spinne hattet ihr keine Probleme mehr?

Probleme? Rückblickend gesehen hatten wir keine Probleme, sondern lief einfach nicht alles ganz super optimal. Für mich ging damals ein Traum in Erfüllung. Verstehst du? Von der Eiger-Nordwand träumen viele Alpinisten auch heute noch. Sie ist eine der größten Wände in den Alpen, mythisch, imposant, gewaltig. Ich hatte eine der schwierigsten Bergtouren gemacht, jetzt konnte ich alles andere locker angehen.

Den Himalaja, zum Beispiel?

Nein, der kam mir noch nicht in den Sinn. Auch weil ich mir nicht vorstellen konnte, eines Tages über die finanziellen Mittel zu verfügen. Ich war damals noch in der Lehre, und wenn ich ein Klettermagazin kaufen wollte, überlegte ich mir lange, ob ich das Geld nicht lieber in eine Expressschlinge investieren wollte. Am Anfang, das weiß ich noch gut, hatte ich sieben Expressschlingen. Für eine Seillänge braucht es zehn bis zwölf. Also machte ich es so, dass ich – wenn es ging – jeden zweiten Sicherungspunkt übersprang, und manchmal nahm ich sie auch einfach auseinander.

Machtest aus einer Expressschlinge zwei Karabiner?

Schlinge weg und nur deren Karabiner einhängen: Das gibt ein bisschen mehr Seilzug, aber es geht.

Warum hast du nicht deine Eltern gefragt, ob sie dir ein paar dazukaufen?

Ich wollte sie nicht damit belasten; ich war es ja, der klettern wollte, also musste ich mir das auch selber finanzieren.

Waren deine Eltern streng?

Sie waren nicht streng, sie waren bestimmt. Ich wusste immer, woran ich war. Auch als ich in der Schule unbedingt ins Englisch wollte und sie mir sagten, das könne ich gerne, allerdings erst, wenn ich mich im Französisch endlich anstrengen und bessere Noten heimbringen würde.

Also kein Englisch?

Nein, Englisch lernte ich erst, als ich nach Amerika ging, um dort zu klettern.

Am El Capitan im Yosemite mit Röbi Bösch, Bernhard Russi, Ueli Bühler und Oswald Oelz?

Nein, vorher. Als ich am »El Cap« war, da konnte ich schon Englisch.

Und klettertest mit einem gebrochenen Handgelenk?

Ja, aber das habe ich damals nicht gewusst.

Hat es nicht wehgetan?

Doch schon, aber ich ließ es nach einem Sturzflug in den Wendenstöcken röntgen, und man hat nichts gesehen. Es war ein gut versteckter Bruch. Geschmerzt hat es vor allem, wenn ich mich auf den Handballen aufstützte.

Etwas, das man beim Felsklettern immer wieder tut.

Ich wich dieser Belastung einfach, so gut es ging, aus, aber Oswald Oelz, ganz Mediziner, schickte mich nach unserer Rückkehr zu einem Handchirurgen, der das Ganze dann operierte.

Und danach war wohl eine Zeit lang Schluss mit Klettern.

Richtig.

Wie lange?

Sechzehn Wochen! Kannst du dir das vorstellen?

Ich mir schon. Wie hast du es überstanden?

Frag nicht!

Du hast die Route, die du mit Stephan Siegrist zusammen in der Nordwand eröffnet hast, The Young Spider *getauft. Warum englisch und nicht deutsch?*

Weiß nicht – vielleicht weil »Junge Spinne« nicht so spektakulär tönt.

Und warum jung und nicht weiß? Du hättest sie doch auch nach Harrers Buch benennen können.

Jung passt bestens.

Warum?

Weil diese Route eine etwas andere Art von Bergsteigen verlangt als die klassischen Routen. Und sie passt zu der neuen Generation Alpinisten, die moderne Absicherungstechniken zur Verfügung haben. Früher waren Risse im Fels die einzige Möglichkeit, um sich abzusichern, weil man die Haken nur dort einschlagen konnte. Inzwischen kann auch in kompaktem Fels gut abgesichert und somit direkter geklettert werden.

Ist The Young Spider die direkteste Route?

Sie ist neben der Ideal-Direttissima, die 1983 vom Slowaken Pavel Pochyly im Alleingang eröffnet wurde, sicher eine der direktesten. Die Junge Spinne ist eine attraktive Route. Anspruchsvoll. Stellenweise sehr exponiert. Ich kenne zurzeit keine Route, die so geniale Eisseillängen mit so genialer Sportkletterei paart. Wir sind mit Bergschuhen eingestiegen, kletterten mit Kletterfinken weiter und stiegen oben mit Steigeisen aus. Die Seillänge am Spinnenbein ist eine der vollkommensten, die ich je geklettert bin. Das Ambiente ist einmalig. Oben sechzig Meter Eis, unten tausendfünfhundert Meter Luft. Ein Traum.

Lohnt es sich, für einen Traum zu sterben?

Was meinst du – lohnt es sich, für einen Traum zu sterben?

Lohnen ist vielleicht das falsche Wort.

Richtig. Sterben auch. Ich finde, es gibt Träume, die es wert sind, etwas zu wagen. Und ich finde, das Leben ist ein Traum.

Ich habe gehört, The Young Spider sei – ganz abgesehen von den enormen Schwierigkeiten, die sie beinhaltet – vielleicht die letzte ganz große neue Linie am Eiger, vor allem, wenn man ihre Länge bedenkt.

Tönt gut – hast du mehr solcher Komplimente auf Lager?

Das Dritte Eisfeld sei vorher noch nie von links, von Osten, erreicht worden. Absolutes Neuland stellten sowohl die Passage unter der Spinne über ihr linkes, östliches Bein als auch die Wegführung durch die Gipfelwand dar. Es sei eine tolle Route, die bis anhin noch niemand nachgeklettert sei.

Das stimmt. Bis heute gilt sie als nicht nachgeklettert. Aber das kommt schon noch. Von wem hast du diese Informationen?

Von Rainer Rettner aus Deutschland.

Rainer Rettner? Nie von ihm gehört – klettert er?

Nein, aber er hat in Bezug auf den Eiger eine, wie er selbst sagt, nicht wegzudiskutierende Manie und scheint tatsächlich alles zu wissen. Dass das linke Spinnenbein dich das Leben hätte kosten können, hat allerdings nicht er mir verraten, sondern Daniel Anker, der Autor des »Eiger Buches«.

Ich sehe, du hast recherchiert.

Logisch, nach deiner Schilderung des Zwischenfalls, bei welchem du an Stephan nachgejümart bist, wollte ich wissen, was Experten zu The Young Spider meinen.

Mit Daniel hast du ins Schwarze getroffen; er hat mir meinen Text, den ich zu dieser Route veröffentlicht habe, lektoriert.

Ich weiß, er hat ihn mir zugemailt.

Nun, dann weißt du ja bereits alles.

Alles? Oder nichts? Hör mal, was du dem geneigten Leser in Sachen Spinnen-Zwischenfall zu verraten bereit warst: »In der Gewissheit, meine Bohrmaschine sei mit mir, klettere ich das ganze Spinnenbein hoch. Außer meinem Standbohrhaken, der vierzig Meter unter mir ist, kann ich keine brauchbare Sicherung im Eis anbringen. Das Bein wird jetzt flacher, und an einem ›no hand rest‹ entschließe ich mich für einen Bolt. Doch meine Maschine ist anderer Meinung und streikt. Wasser – zu viel Wasser! Was jetzt? Wieso bringe ich mich nur immer wieder in solche Situationen? Es bleibt mir nichts anderes übrig, als wieder abzuklettern.« Fertig.

Okay. Genauso war's.

Genauso undramatisch?

Im Nachhinein schon.

Daniel Anker meinte, es sei ihm, als er von der Geschichte gehört habe, kalt den Rücken runtergelaufen, er habe nur eines gedacht: »Mann o Mann! Dieser Ueli hat Nerven.«

Ich tat einfach, was ich tun musste. Im Übrigen retteten mich nicht meine guten Nerven, sondern meine Fähigkeit, mich auf das Wesentliche zu konzentrieren.

Ich nahm dann nochmals mit Röbi Bösch Kontakt auf, der dieses Bein in unserem Gespräch mit folgenden Worten beschrieb: »Eine knapp sechzig Meter lange Eissäule, ein filigranes Gebilde, das höchstes Kletterniveau und ein sehr stabiles Nervenkostüm verlangt.« Von dem Zwischenfall verriet er mir damals kein Wort. Er erzählte es mir erst, als ich nachfragte. Er meinte, dieses Bein hinauf- und dann – ungesichert – wieder zurückzuklettern, das sei schlicht und einfach ein Ding der Unmöglichkeit. Und dabei schauderte es ihn. Also!

Also was?

Beginnen wir von vorne. Wie hat sich The Young Spider überhaupt in deinen Kopf gesetzt?

Obwohl ich es ja mit Daten nicht so habe, weiß ich noch genau, dass es ein Sonntag war. Ein Sonntag im August 2000. Ich glaube, es war ein dreizehnter. Stephan und ich saßen nach einer Erstbegehung durch die Nordwand des Mönchs auf der Kleinen Scheidegg und tranken ein wohlverdientes kühles Bier. Im Rücken das Restaurant, vor unseren Augen die Schattenseite des Eigers.

Die Nordwand.

Ich hatte mein Fernglas auf die Spinne gerichtet und dort wieder mal, wie schon so oft, auf einen Eiszapfen, der sich im Sommer besonders schön aufbaut, weil Schmelzwasser durch die Spinne rinnt. Ich zeigte ihn Stephan, der sofort mit mir einig ging, dass man auf dieses lange östliche Bein der Spinne eigentlich nur anstoßen konnte.

Mit einem zweiten Bier?

Genau. Ein paar Wochen später schaute ich mir das Gebilde aus der Nähe an.

Du klettertest hoch?

Ich war etwas bequem, stieg zum Stollenloch raus und ging auf der Heckmair-Route, die direkt unter der Spinne durchführt, zu …

… dem Objekt deiner Begierde?

Das ist noch nicht mal falsch. Ich hatte damals zwar ab und zu eine Freundin, aber die interessierten mich weit weniger als – um bei diesem Beispiel zu bleiben – dieses blanke Eis.

Das hat sich mit Nicole geändert?

Ja, Nicole hat erste Priorität.

Was nicht heißt, dass du auf Sologänge verzichtest.

Was heißt, dass sie mir vertraut. Als ich unter dem Zapfen stand und sah, wie er über den Felsen abfloss, unten zehn und oben fünfzehn Zentimeter dick, überlegte ich mir, dass es schön wäre, eine Route zu eröffnen, die direkt über dieses lange Spinnenbein führt. Und damit war die Idee zu The Young Spider geboren.

Wenn du etwas tun willst, dann tust du es?

Nur wer wirklich nach oben will, geht den Berg an, der vor ihm steht. Ist doch so.

Manchmal möchte man, wägt aber erst ab.

Abwägen ist gut, genau das habe ich ja gemacht auf dieser Rekognoszierungstour. Und habe gesehen, dass es machbar ist. Danach war genug abgewägt, gab es nur noch das Umsetzen. Verstehst du, ich wollte einfach dieses Spinnenbein hinauf.

Und Stephan machte mit?

Ja, allerdings hat er mir von Anfang an gesagt, dass er wegen einer bevorstehenden Expedition nicht so viel Zeit in die Junge Spinne investieren könne wie ich, aber das war egal. Er war immer da, wenn ich ihn brauchte.

Du lächelst – denkst du an ihn als Schutzengel?

Es hätte ebenso gut ins Auge gehen können damals. Das Glück war auf unserer Seite, dessen bin ich mir schon sehr bewusst.

Und dann seid ihr den Berg also angegangen, der vor euch stand?

Nein, wir wollten uns gut vorbereiten und haben uns die Junge Spinne erst für den Sommer 2001 vorgenommen, wenn es am Tag warm ist und Wasser fließt, das in der Nacht gefriert, so dass sich das Bein gut aufbaut. Das ist das Faszinierende am Eis, dass es nicht immer gleich stark vorhanden ist. Es verschwindet und kommt, verschwindet und kommt. Am besten ist die Junge Spinne wohl im Herbst zu klettern. Denn die Temperaturen in der Wand dürfen für die Junge Spinne nicht allzu tief, aber auch nicht zu hoch sein. Weisst du, eigentlich war es im Sommer 2001 zu warm, um an dieser Route zu arbeiten. Ein Fehler meinerseits. Der Zapfen war zwar genug fest, sodass ich ihn mit Steigeisen und Eispickeln klettern konnte, er war aber nicht dick genug, um die Eisschrauben so anzubringen, dass ich ihnen hätte vertrauen können. Sie stießen spätestens nach fünf Zentimetern schon auf Fels.

Und fünf Zentimeter sind zu wenig?

Zumindest nicht vertrauenswürdig genug. Trotzdem brachte ich ein paar Schrauben an, aber an diese hängte ich in erster Linie meine Psyche, meine fast siebzig Kilo hätte ich ihnen nie im Leben anvertraut.

Also musstest du ja schon von Anfang an wissen, dass du dich an ihnen nicht abseilen konntest. Warum um alles in der Welt bist du dann überhaupt weitergestiegen?

Weil ich weiß, dass ich sechzig Meter in senkrechtem Eis ohne Sicherung klettern kann. Ich legte mir folgenden Plan zurecht: Klettern, bis das Seil fertig ist, dann einen Bohrhaken in den Fels bohren, Seil einhängen und – fertig. Ich hatte alles dafür vorbereitet. Und weil ich an diesem Tag allein unterwegs war, hängte ich die Bohrmaschine an eine dünne Schnur, an der ich sie oben nachziehen wollte. Und genau das habe ich dann auch getan.

Die Bohrmaschine nachgezogen und gebohrt?

Nachgezogen, ja, gebohrt eben leider nicht. Das hast du mir doch grad vorgelesen. Der Akku der Maschine hatte Wasser bekommen.

Stimmt, weil bei diesen hohen Temperaturen zu viel Wasser floss, also konntest du den Haken nicht in den Fels bohren.

So schnell gab ich nicht auf. Ich hängte die zwei Schlingen, die an meinem Klettergurt hingen, an meine Eispickel, damit ich beide Hände frei hatte und den Akku rausnehmen und ausblasen konnte.

Du hingst also völlig ausgesetzt in einer Höhe von tausendfünfhundert Metern an zwei in zehn Zentimeter dickes Eis geschlagenen Eispickeln?

Der Zapfen war fünf bis zehn Zentimeter dick, die Pickel drangen höchstens drei Zentimeter ein.

Ueli, mir wird schlecht.

Nur keine Hysterie. Das hält! Die Bohrmaschine hat nach diesem Manöver dann auch tatsächlich zwei-, dreimal gedreht, gab den Geist aber sofort wieder auf. Ich nicht! Ich versuchte es erneut. Akku rausnehmen, ausblasen. Wieder drehte sie kurz. Nach dem dritten Versuch machte ich mich daran, einen anderen Ausweg zu suchen.

Und diesen fandest du im Zurückklettern.

Nein, zuerst suchte ich nach einer Möglichkeit, irgendwie doch noch einen Stand einzurichten, kam dann aber zum Schluss, dass dies eine Bastelei werden würde, der ich mich nicht anvertrauen wollte. Ich bin ja nicht wahnsinnig! Mein größtes Problem war, dass mir die Zeit davonlief.

Hattest du nicht alle Zeit der Welt?

Ich schon, aber meine Kraft nicht. Ich war während drei viertel Stunden hochgeklettert, hatte mit der Bohrmaschine und der Suche nach einem Ausweg gut und gerne weitere fünfzehn Minuten verloren und kam zum Schluss, dass ich mich ein bisschen sputen sollte, weil meine Energie zum Zurückklettern noch reichen musste.

Was ging dir sonst noch durch den Kopf?

»Was bin ich nur für ein Trottel!« Aber das kam nicht aus meinem Kopf, sondern direkt aus dem Herzen. Alles andere war fokussieren, kanalisieren, zurückklettern.

Wie lange hat das gedauert?

Vielleicht ein bisschen länger als das Hochklettern.

Warst du dir – bevor du zurückzuklettern begonnen hast – sicher, dass deine Kraft dafür noch reichen würde?

Runterfallen war nicht im Programm.

Du wärst eine Strecke von drei viertel Stunden zurückgeflogen.

Literarisch ausgedrückt! Ich hatte keine Angst vor Flugminuten, sondern vor hundertzwanzig Metern freiem Fall.

Also doch!

Was, also doch?

Angst! Sie hat dich doch begleitet.

Begleitet ist das richtige Wort. Sie hat mich begleitet, ja, aber sie hat mich nicht erfasst.

Warum nicht?

Weil ich wusste, dass ich diese Aufgabe meistern konnte.

Selbstvertrauen?

Sich selbst etwas zutrauen, ja. Sich der eigenen Fähigkeiten bewusst sein. Ich glaube, tief innen gibt es etwas, das uns in solchen Momenten sagt, was möglich und was unmöglich ist.

Die innere Stimme. Hörst du sie?

Immer, wenn ich mich ganz fest konzentriere.

Und hörst du auch auf sie?

Es wäre dumm, dies nicht zu tun.

Was, wenn sie dir eines Tages sagt, es sei fertig? Schluss? Aus?

Dann hoffe ich, auf ein reiches Leben zurückblicken zu können. Erhard Loretan hat einmal gesagt, wir seien Millionäre, weil wir genau das tun, was wir tun wollen.

Glücklichsein geht auch mit einem Minimum an finanziellen Mitteln. Allerdings nur, wenn man das Leben nicht als Fließband sieht. Sondern als Aufgabe. Meine besten Tage sind die, an denen ich etwas erledigen kann.

Und das, nehme ich an, nicht in einer Minute, sondern möglichst zwischen Sonnenaufgang und Sonnenuntergang. Was gefällt dir besser, der Sonnenauf- oder der -untergang?

Sonnenaufgang ist schön; befriedigender ist der Sonnenuntergang mit seinem blauvioletten Abendlicht.

Warum befriedigender?

Weil ich dann auf das zurückblicken kann, was an diesem Tag gewesen ist.

Und du auf einem Gipfel stehst und nicht nur der Himmel brennt, sondern auch deine Muskeln?

Die brennen nicht allzu oft. Was ab und zu schmerzt, sind die Sehnen meiner Finger und ihre Gelenke. Angenehm ist das nicht!

Die Junge Spinne hätte dich das Leben kosten können …

Die Nordwand hätte mich zerhackt. Als ich am Stand ankam, hängte ich mein Material, das ich dort lassen wollte, an die Karabiner, schnappte mir die Bohrmaschine und war eine Stunde später auf der Kleinen Scheidegg, wo ich mir im Bahnhofbuffet mein Standardmenü gönnte: »Scheidegg Salat«, und dazu ein großes Bier. Dann ging ich nach Hause.

Und konntest bestimmt nicht schlafen.

Ich schlief bestens – ich war ja müde. Allerdings bin ich erst weggetaucht, nachdem ich mir einen Plan für den nächsten Morgen zurechtgelegt hatte, mit dem ich doch noch erfolgreich sein konnte.

Du bist am nächsten Morgen wieder eingestiegen?

Ja, diesmal allerdings nicht mit der Bohrmaschine, sondern mit dem Handbohrsystem! Ich habe die Jungfraubahn genommen und bin an der Station Eigerwand zum Stollenfenster ausgestiegen.

Du klettertest nicht von unten?

Nein, um diese Route einzurichten, konnten Stephan und ich jeweils durch die Stollenfenster aus- und einsteigen.

Braucht es dazu eine Bewilligung?

Nein. Man sollte sich mit den Streckenwärtern gut verstehen und ihr Vertrauen gewinnen, dann öffnet sich der Sesam. Die Fenster in der Station Eigerwand sind immer geschlossen, damit nicht eines Tages ein japanischer Tourist im Blazer auf dumme Gedanken kommt und raushechtet. Um sie zu öffnen, braucht es einen Schlüssel.

Wir haben abgemacht, dass wir nur aussteigen, wenn weit und breit kein Zug ist oder wenn alle Fahrgäste wieder eingestiegen und der Zug losgefahren ist. Kaum waren wir draußen, hat der Wärter das Fenster wieder fest verschlossen.

Und wenn ihr zurückkamt?

Klopften wir an die Scheibe, und er öffnete uns. Waren wir nicht zurück, bevor er seinen Posten am Abend verließ, ließ er uns netterweise das Fenster offen.

Und wenn das mal vergessen gegangen wäre?

So etwas geht nicht vergessen – das sind zuverlässige Leute! Wir haben lange an dem Ausstieg gebastelt, haben Fixseile gezogen, damit wir nicht jedes Mal klettern mussten, sondern jümaren konnten.

Und wie habt ihr die Fixseile angebracht – es ist doch extrem überhängend dort?

Indem wir überhängend geklettert sind – mehr willst du bestimmt nicht wissen.

Doch – wie lange hat das gedauert?

Tage. Die Streckenwärter waren sehr freundlich und haben uns ihren heimeligen Aufenthaltsraum, den sie »Chalet« nennen, zur Verfügung gestellt. Dort konnten wir uns immer wieder aufwärmen. Manchmal durften wir auch übernachten, wenn wir in aller Herrgottsfrühe einsteigen wollten. Dann ist die Wand noch Stein und Bein gefroren, und weder Eis noch Stein konnten uns um die Ohren fliegen.

Ihr seid also jeweils an diesen Fixseilen nach oben gejümart.

Wir hingen an zehn Millimeter dicken Seilen in der Luft, unter uns tausend Meter bis zum Boden. Mit der Zeit wurde dieser Zustand ganz normal. Vom Stollenfenster bis unter die Spinne waren es etwa sechshundert Meter Seil. Dafür brauchten wir rund eine Stunde. Schneller ging das Wiederrunterkommen. Der Rekord liegt bei vierunddreißig Minuten. Dazu brauchte ich dicke Handschuhe und zwei Abseilachter.

Wegen der Reibungswärme?

Das wird grausam heiß.

So heiß, dass die Achter durchgeschmolzen wären?

Nein, so heiß, dass die heißen Achter das Seil durchgebrannt hätten. Einmal bin ich von oben runtergerast, und am Fenster stand eine Gruppe Japaner. Ich glaube, die vergessen den runtersausenden Steck ihr Lebtag nicht mehr.

Klingt alles sehr locker. Sag mal, wie oft bist du gestürzt?

Beim Abseilen?

Nein, ich rede natürlich nicht vom Abseilen! Beim Klettern!

Es gibt eine Seillänge, für die benötigte ich wegen meiner Stürze einen vollen Tag.

Ohne Stephan?

Ich war allein unterwegs, und das Gute daran war, dass ich danach meinen neuen Soloisten, ein Gerät zur Selbstsicherung, bestens kannte. Jedes Mal, wenn ich stürzte, blockierte er. Absolut zuverlässig.

Jedes Mal? Wie oft stürztest du denn?

Es war Flugwetter an diesem Tag.

Wie oft, Ueli?

Bestimmt zwanzigmal.

Tat's weh?

Schon. Es gab weite Stürze. Die Platten waren abwärts geschichtet, und die Eisschicht, die sie überzog, war einen Tick zu wenig dick, so, dass mein Eisgerät wieder und wieder ausbrach. Erschwerend kam eine Schneeauflage dazu, die mir den Blick auf mögliche Tritte nahm.

Wie weit sind weite Stürze?

Literarisch ausgedrückt?

Bitte.

Etliche Flugsekunden.

Und in Metern?

Zehn, manchmal auch fünfzehn.

Was geht dir durch den Kopf, wenn du an einem Tag zwanzigmal fliegst?

Ich frage mich, was zum Teufel ich da eigentlich mache.

Und die Antwort darauf?

Die liegt in den nächsten Zentimetern, die ich dann doch wieder erfolgreich vorwärtskomme. Im Alpinismus hat sich in den letzten Jahren viel verändert – dieser Konflikt aber, der wird ewig bleiben.

Geflucht hast du nie?

Doch, schon. Vor allem dann, wenn ich nach zwei, drei fixierten Seillängen abbrechen musste, weil es zu warm und der Steinschlag zu riskant wurde. Ja, ja, ich hatte immer einen Helm an. Wie auf einer Baustelle! Die Route kam mir manchmal tatsächlich auch so vor.

Du hattest also am folgenden Tag dein Handbohrsystem dabei?

Clever, oder? Das braucht keinen Akku, sondern nichts als Muskelkraft.

Und bist wieder den Zapfen hochgestiegen.

Der hatte sich in der Nacht um fast einen Zentimeter aufgebaut, das war gut.

Aber nicht genug, um die Eisschrauben als Sicherung anzubringen?

Stimmt.

Trotzdem klettertest du wieder hoch?

Ja, ich wusste ja jetzt, dass es geht. Im Übrigen gab es keine andere Möglichkeit

Stimmt nicht! Ich habe es mir überlegt, es wäre sehr wohl anders gegangen, schon am Vortag.

So?

Du sagtest, links und rechts des Zapfens sei Fels; du hättest dich die ganze Zeit im Fels statt im Eis sichern können. Dann hättest du auch früher bemerkt, dass die Maschine nicht tut, wie sie sollte. Warum hast du nicht daran gedacht, Bohrhaken zu setzen?

Daran gedacht habe ich schon, aber es war nicht nötig gewesen! Links und rechts vom Eiszapfen in den Fels bohren? Stell dir mal vor, wie das ausgesehen hätte.

Sicher! Es hätte sicher ausgesehen.

Vielleicht ist der Zapfen das nächste Mal dicker, und man kann sich ohne Probleme mit Eisschrauben absichern, die man wieder mitnimmt und die keine Spuren hinterlassen. Natürlich hätte ich bohren können, aber es hätte mich nicht gut gedünkt. Es hätte einfach nicht gestimmt. Ich will den Berg klettern, nicht besiegen.

Und Bohrhaken wären dabei unfair gewesen?

Beim Eiszapfen ging es ohne, also verzichtete ich darauf. Obwohl sich das Bein etwas aufgebaut hatte, sah ich vom Vortag die Löcher meiner Pickel noch, an denen ich mich übrigens auch beim Runterklettern orientiert hatte. Ich konnte also ohne Weiteres noch einmal ohne Zwischensicherung hochklettern. Auch, weil das Eis vom ersten Raufklettern schon geputzt war.

Geputzt?

Loses oder mürbes Eis war schon weg. Als ich oben angekommen war …

Wieder nach drei viertel Stunden?

Das weiß ich nun wirklich nicht mehr. Also, als ich oben angekommen war, hängte ich die Schlingen in die Eispickel und begann zu bohren.

Sag mal, macht man das so?

Ohne Bohren geht's nicht.

Nein, ich meine, macht man das so, dass man sich den Schlingen anvertraut, die an in wenige Zentimeter ins Eis gehauenen Eispickeln hängen?

Ja, genau so macht man das. Wichtig ist, dass man nur in die Zugrichtung belastet, sonst hebelt man sich raus. Übrigens hängt auch ein Felskletterer, der eine neue Route einrichtet, oft nur an einer kleinen Auflagefläche und muss aufpassen, dass er sich beim Arbeiten nicht zu sehr hin und her bewegt.

Hattest du keine Angst, dass das Eis bricht?

Nein, das war kein Problem.

Obwohl das Eis nur knapp zehn Zentimeter dick war?

Wenn die Temperatur stimmt, kann nichts passieren.

Ist das Eis, je kälter es ist, desto brüchiger?

Ist es kalt, wird das Eis so spröde, dass man es nicht klettern kann. Am besten sind ein, zwei Grad plus, dann läuft das Eis an der Oberfläche ein bisschen, und darunter ist es fest. Keine Sorge, es hat temperaturmäßig schon gestimmt.

Du hast vorhin gesagt, es sei zu warm gewesen, eigentlich.

In den Tagen davor, weil sich der Zapfen nicht dick genug aufbauen konnte. Aber als ich dann am Zapfen kletterte, da hat die Temperatur perfekt gestimmt.

Wie lange hat es gedauert, bis du den Haken setzen konntest?

Loch bohren, ausblasen …

Ausblasen? Heißt das, dass du die Lage deines Kopfes verändern musstest?

Ja, ein bisschen musste ich mich schon bewegen.

Ein bisschen?

Das braucht Gefühl. Grob geht das nicht. Man vergisst immer wieder, dass Klettern viel Feingefühl erfordert. Bis ich den Haken eingeschlagen hatte, dauerte es alles in allem gute zehn Minuten.

Und dann hast du dein Seil eingehängt, warst zufrieden, seiltest ab und kehrtest auf die Kleine Scheidegg zurück.

Nein, ich seilte ab, holte das Material, das ich am Stand deponiert hatte, und kletterte noch bis zum oberen Rand der Spinne. Wenn man erst in der Spinne drin ist, wird das Gelände flacher, einfacher. Es erscheint einem wenigstens so, weil man die letzten zweihundert Meter senkrecht bis überhängend geklettert ist. Oben angekommen, versank ich in meinem Portaledge sofort in tiefen Schlaf.

Das ist dieser fliegende Teppich, der an einem einzigen Haken hängt? Lieber du als ich.

Das Portaledge ist eine wunderbare Erfindung, die das Leben in der Senkrechten sehr angenehm macht, vor allem, wenn man einen Schlafsack dabeihat.

Das glaub ich nicht – du hattest tatsächlich einen Schlafsack dabei?

Ich hatte alles dabei, sogar Kaffee. Nach dem Frühstück verlor ich sehr viel Zeit damit, eine logische Linie durch die Gipfelwand zu finden, fixierte noch zwei Seillängen und war danach relativ kaputt.

Welche alpine Leistung in der Wand beeindruckt dich am meisten?

Am meisten? Das kann ich nicht sagen. Was mich sehr beeindruckt, sind die Umstände, wie die früher zu Berg gingen. Das waren, auch in Zweier- und Viererseilschaften, eigentlich alles Sologänger. Natürlich kam die Einsamkeit nicht dazu, aber in einer Zeit, in der es noch keine Klettergurte gab, war stürzen verboten. Das Material und die Art und Weise, wie man am Seil angebunden war – nur gerade um den Bauch herum –, verzieh keinen Ausrutscher. Das war irr, die gingen einfach drauflos!

Erzähl mir von deinem Sologang in der Eiger-Nordwand.

Da gibt es nicht viel zu erzählen. Ehrlich.

Wie lief es?

Gut.

Das ist schon alles? Gut?

Er hat mich schon gefordert; nur schon in der Dunkelheit im Licht der Stirnlampe alleine zum Einstieg zu gehen brauchte etwas Überwindung. Aber ich möchte dir diesen Sologang nicht als etwas total Verrücktes verkaufen. Es war ein Sologang, mehr nicht. Einer, wie viele andere ihn in der Nordwand auch schon gemacht haben. Mit dem kleinen Unterschied, dass meiner vom Fernsehen aufgezeichnet wurde. Der allererste Sologang in der Nordwand, das ist eine Leistung, die mich sehr beeindruckt.

Vollbracht vom Walliser Bergführer Michel Darbellay.

Im Jahr 1963! Ja, der war ein echter Pionier!

Kennst du ihn?

Klar kenne ich ihn, aber leider nicht persönlich.

Witzig, genau das hat er auf meine Frage, ob er dich kenne, auch gesagt: »Certainement, mais malheureusement pas personellement.«

Hast du mit ihm telefoniert?

Ich habe ihn besucht.

Gut!

Michel Darbellay wurde 1934 in Orsières im Val Ferret, einem verträumten Walliser Tal, geboren, ließ sich zum Bergführer ausbilden, wurde bald schon selbst Instruktor und hatte den Ruf, schneller zu führen als andere. Was für die Gäste den angenehmen Nebeneffekt hatte, dass man mit ihm um Biwaks herumkam. Heute betreibt er mit seiner Frau Agathe, einer Bündnerin, in La Fouly, im hintersten Winkel des Val Ferret einen kleinen, aber im wahrsten Sinn des Wortes ausgezeichneten Campingplatz mit Blick auf den Gletscher A Neuve. Nach wie vor ist Michel Darbellay in den Bergen unterwegs, allerdings nur noch wandernd. Er habe, meint er, diese Seite umgeblättert und scheint dabei sehr zufrieden. Das, was war, ist vorbei, das, was ist, nach wie vor absolut lebenswert. Dazu gehört im Winter das Skifahren mit seiner Frau. Die beiden haben sich 1966 bei einem Weiterbildungskurs für Skilehrer kennengelernt. Ein Jahr später schon waren sie verheiratet, und dies, obwohl sie sich in diesen zwölf Monaten nur fünfzehnmal gesehen hatten. Beide finden noch heute, es sei zwar ein gewagter Schritt, aber ohne Zweifel der goldrichtige gewesen.

Im Büchergestell, ganz unten, hinter Schranktüren versorgt, reihen sich Ordner an Ordner. Darin finden sich vergilbte Zeitungsausschnitte, die Michel Darbellays Vater, ein Lehrer, jahrelang für seinen Sohn archiviert hatte. Die Solobegehung der Eiger-Nordwand hat ihn, das wird klar, wenn man in den Seiten blättert, in aller Welt berühmt gemacht. Dass sein Name, zumindest in Kletterkreisen, heute noch ein Begriff ist, hat aber auch damit zu tun, dass er vor und nach der Solobegehung der Eiger-Nordwand immer wieder mit anspruchsvollen Begehungen auffiel.

Wer als Zweiter solo durch die Wand stieg, weiß Michel Darbellay nicht. Auch nicht, dass zwischen seinem ersten und dem zweiten Alleingang volle fünfzehn Jahre liegen. Im März 1978 benötigte der Japaner Tsuneo Hasegawa sechs Tage für den zweiten Alleingang. Allerdings stieg er im Winter ein und machte damit gleichzeitig die erste Winter-Solobegehung.

Das vielleicht verrückteste Unternehmen startete Michel Darbellay aber, als er gerade mal achtzehn Jahre alt war. Zusammen mit seinem sechs (!) Jahre jüngeren Bruder Dany. Die beiden eröffneten an der Dalle de l'Amône – praktisch vor der elterlichen Haustüre – eine Route im fünften und sechsten Schwierigkeitsgrad, die heute als eine der hundert Idealtouren rund um den Montblanc bezeichnet wird. Wer sich an die vierhundert Meter wagt, wird froh sein, dass er sie nicht so wiederholen muss, wie Michel und Dany sie damals angegangen waren: mit Mutters Wäscheleine!

»Als ich in den frühen Morgenstunden des 2. August 1963 alleine in die Eiger-Nordwand einsteigen konnte, ging für mich ein lang gehegter Traum in Erfüllung. Zu verdanken hatte ich diese Gelegenheit dem Zufall. Mein Kunde, ein Franzose, der meine Dienste als Bergführer wie bereits in früheren Jahren für einen vollen Monat in Anspruch genommen hatte, fühlte sich am 1. August nicht gut und musste drei Tage pausieren. So bekam ich die Zeit geschenkt, die mir bis dahin immer gefehlt hatte.

Ich war neunundzwanzig Jahre alt, Single und wohnte damals noch bei meinen Eltern, die mich fragend anschauten, als ich ihnen mitteilte, ich würde zwei Nächte wegbleiben, da ich Aprikosen pflücken gehen wolle. Sie wussten genau, dass dies nicht der Wahrheit entsprach, insistiert haben sie aber nicht. Wo ich war, erfuhren sie am 3. August dann doch noch. Aus dem Radio.

Das Wetter war traumhaft wie lange das so bleiben würde, das konnte man damals noch nicht sagen. Es gab zwar Wettervorhersagen, Verlass darauf war allerdings deutlich weniger als heute. Fünf Tage vor meinem Alleingang, am 28. Juli 1963, war der berühmte Bergsteiger Walter Bonatti solo in die Nordwand eingestiegen. Etwas, von dem die ganze Medienwelt gehört zu haben schien. Während der Italiener kletterte, hofften die zahlreichen Journalisten auf der Kleinen Scheidegg bereits darauf, die Erfolgsmeldung des ersten Alleingangs durch die Eiger-Nordwand in alle Welt hinausposaunen zu können.

Diese Erwartungshaltung zu enttäuschen ist Bonatti sicher nicht leichtgefallen, aber er war stark genug, um beim Zweiten Eisfeld abzubrechen und zurückzukehren, wohl weil er mit dem ganzen

Gepäck, das er mitschleppte, unten schon zu viel Energie verloren hatte.

Ein Alleingang kann nur dann erfolgreich sein, wenn das Gepäck auf ein Minimum beschränkt ist. In meinem Rucksack befanden sich neben dreißig Meter Seil ein Pickel – wir hatten noch nicht den Luxus von Eispickeln mit Zackenschliff –, ein Hammer, acht Felshaken, drei Eishaken, vier Karabiner, Steigeisen, ein Helm, den ich in den Ausstiegsrissen auszog und der mir wegen einer kleinen Unachtsamkeit dann leider die Eiger-Nordwand hinunterkrachte, und eine dünne Pelerine, die mir als Biwaksack dienen sollte. Zum Essen hatte ich etwas Trockenfleisch, ein Stück Speck, ein paar Dörrfrüchte und Traubenzucker dabei, zum Trinken einen halben Liter Tee. Der einzige Luxus, den ich mir mitzunehmen gönnte, war ein Päckchen Zigaretten. So unglaublich es tönt – wir Alpinisten rauchten damals noch. Fanatisch war ich nicht ich wusste einfach, ich konnte solo in die Berge gehen, also ging ich. Technisch war ich stark genug, um hinaufzukommen, und – das vor allem – die Nordwand hatte mich schon zweimal zurückgewiesen. Ich kannte also die Hürden, die einem bei einer Umkehr im Weg liegen. Die des Geländes genauso wie die der Psyche.

Das erste Mal war ich mit meinem Bruder Alphonse 1957 eingestiegen. Wir hatten unterhalb des Hinterstoisser-Querganges biwakiert und uns am Morgen, als uns eine zehn Zentimeter dicke Schneeschicht umgab, zur Umkehr entschlossen. Nach diesem Erlebnis wandte Alphonse sich definitiv dem flachen Rasen zu und spielte genauso leidenschaftlich wie erfolgreich Fußball. Auch das zweite Mal, 1962, war Neuschnee der Grund zum Abbruch. Hätte das Wetter damals mitgespielt, dann wäre dies die erste Frauenbegehung des Eigers geworden. Wir waren zu viert. Loulou Boulaz, die 1937 einen ersten Versuch abbrechen musste und inzwischen dreiundfünfzig Jahre alt war, sowie das Paar Yvette Attinger und Michel Vaucher, die ein Jahr später übrigens heirateten. Auch er, mein Namensvetter, war Bergführer. Die Frauen waren hervorragende Alpinistinnen, uns absolut ebenbürtig und zu dieser Zeit wahrscheinlich um einiges besser trainiert als wir Männer.

Training war damals für viele noch ein Fremdwort. Ich selbst machte nie besondere Anstrengungen, um fitter zu werden, sondern übte einfach meinen Beruf aus. Von Muskelaufbau, Ausdauer und ausgewogener Ernährung hatten wir damals noch keinen blassen Schimmer.

Da ich kein Auto besaß, reiste ich am 1. August mit dem Zug an. Diskret, in ziviler Kleidung. Ich wollte kein Aufsehen erregen. Alles, was ich für die Besteigung brauchte, hatte ich nicht in einen Rucksack, sondern in eine Reisetasche gepackt. Ich hatte bei meinen Freunden Fritz und Heidi von Almen im Hotel Bellevue auf der Kleinen Scheidegg ein Zimmer reserviert. Nachdem ich die beiden in mein Vorhaben eingeweiht hatte, ging ich früh ins Bett. An Schlaf war allerdings nicht zu denken. Der Schweizer Nationalfeiertag wurde auf der Kleinen Scheidegg gebührend gefeiert, mit Knallern und Petarden.

Als ich das Hotel am 2. August um zwei Uhr früh verließ, strahlten über mir die Sterne. Im Licht meiner Stirnlampe, die wir damals schon hatten, wanderte ich in gut einer Stunde an den Wandfuß. Dort angekommen, dachte ich, dass es schön wäre, wenn mit diesem Alleingang auch ein Bann gebrochen werden könnte. Abgesehen von Bonatti waren alle, die solo eingestiegen waren, tot.

Der Erste, der es solo versuchte hatte – im Juni 1957 –, war der Deutsche Günter Nothdurft. Ein Wetterumbruch zwang ihn zur Umkehr. Ein paar Wochen später stieg er, zusammen mit seinem Landsmann Franz Mayer, erneut ein. Trotz widrigsten Umständen, wozu auch ein Wetterumsturz gehörte, erreichten die beiden den Gipfel. Vier Jahre später erst fand man sie tot auf. Immer noch mit dem Seil verbunden und höchstens eine Stunde von der rettenden Station Eigergletscher entfernt. Im Nebel hatten sie bei ihrem Abstieg über die Westflanke wohl die Orientierung verloren und – so nimmt man an – starben in ihrem Biwak an Erschöpfung.

Im August 1961 stieg der Österreicher Adi Mayr allein ein. Nach dem ersten Biwak rutschte er in der vereisten Rampe aus und fiel, da er sich in dieser Passage nicht selbst gesichert hatte, in den Tod. Ein Jahr später, im Juli 1962, starb der Alleingänger Adolf Derungs, ein Schweizer. Im August desselben Jahres der Österreicher Diether Marchart. Beide stürzten im unteren Teil der Wand ab.

Trotz dieser Vorgeschichte war ich ruhig. Die Verhältnisse waren gut. Ich kam wunderbar voran. So schnell, dass Fritz von Almen, der um halb zehn Uhr das erste Mal sein Fernrohr in die Wand richtete, mich nirgends fand. Er wollte es nicht wahrhaben, suchte weiter und entdeckte schließlich eine Seilschaft, deren Stimmen ich im Dunkeln vernommen hatte. Es muss zwischen vier und fünf Uhr morgens gewesen sein, als ich auf ihr Biwak unterhalb des Hinterstoisser-Querganges stieß. Sie waren gerade aufgestanden, wir redeten und stellten uns in der Dunkelheit so dumme Fragen wie, was wir hier machten.

Sie hießen Ekkert Gundelach und Dieter Zelnhefer und fragten, ob ich der Walliser Darbellay sei, der die Nordwand des Matterhorns in sechs Stunden und fünfzehn Minuten geschafft hatte. Sie konnten nicht wissen, dass sie mich damit schmerzlich an meinen damaligen Seilpartner Christophe Vouilloz erinnerten. Es war nur gerade drei Monate her, dass er tödlich verunfallt war, nachdem ein Felsblock, an dem er sich gesichert hatte, ausbrach. Die beiden Deutschen boten mir an, mich ihnen anzuschließen, ich erklärte, ich würde den Alleingang versuchen, worauf sie große Augen machten und mir viel Glück wünschten. Glück, das sie leider nicht hatten, sie mussten ihre Tour abbrechen.

Fritz von Almen erzählte mir später, er habe die Wand wieder und wieder nach mir abgesucht. Vom Einstieg bis zum Schwierigen Riss, vom Hinterstoisser-Quergang über das Schwalbennest und beide Eisfelder bis zum Bügeleisen und dann wieder alles von vorn, das heißt von unten. Was falsch war. Hätte er damit gerechnet, dass ein Alleingänger ohne Gepäck sehr viel schneller unterwegs ist als eine Seilschaft, hätte er sich keine Sorgen zu machen brauchen und das Fernrohr nicht nur bis in die Mitte der Wand gerichtet. Um halb zehn war ich nämlich bereits beim Ausstieg des Rampeneisfeldes und gönnte mir eine Pause.

Die größten Schwierigkeiten, die ich bis zu diesem Zeitpunkt gehabt hatte, lagen zwischen dem Ersten und dem Zweiten Eisfeld. Der Stein, der Fels, die Spalten, die Zwischenräume, alles war mit einer feinen Schicht kompaktem Eis überzogen. Manchmal taute ich durch Handauflegen eine Stelle etwas an, damit ich dort meinen Schuh sicher platzieren konnte. Die Steigeisen zog ich erst an, als ich beim Zweiten Eisfeld angekommen war. Von da an ging es zum Teil etwas akrobatisch, aber im Großen und Ganzen wieder wunderbar vorwärts. Alles, was mit Schnee und Eis zu tun hatte, entsprach mir sehr. Trotzdem war es – im Nachhinein gesehen – schon eine recht delikate Kletterei. Aber das machte nichts, ich kannte mich gut und wusste: Je schwieriger die Aufgabe, desto besser funktioniere ich. Mein Atem wurde so langsam, dass ich jedes Ein- und jedes Ausatmen bewusst wahrnahm. Ein Phänomen, das auch bei späteren schwierigen Begehungen immer wieder auftrat, am auffallendsten bei der Wintererstbegehung der Nordostwand des Piz Badile 1967/68. Ich war mit zwei Schweizer Kollegen unterwegs, wir schlossen uns mit drei Italienern zusammen, die dasselbe vorhatten wie wir. Die Steilheit des Berges, Schneestürme, dickes Eis und die Kälte von minus dreißig Grad ließen uns alle in der Hölle schmoren. Aber je schwieriger die Verhältnisse wurden, desto klarer wusste ich, was zu tun war. Kam dazu, dass ich, als Ältester, meinen sehr viel jüngeren Kollegen gegenüber eine Verantwortung fühlte.

Als ich von der schließlich doch noch erfolgreichen Begehung zurückkam, erkannte ich, dass ich unter Anspannung viel klarer denken konnte als in der warmen Stube. Sonst hätte ich meine Expedition zeitlich wohl etwas verschoben. Es war so: Zwei Monate bevor ich für den Piz Badile ins Bergell reiste, hatten Agathe und ich geheiratet, und es war für eine frisch verheiratete Frau sicher nicht gerade das Gelbe vom Ei, Weihnachten und Neujahr ohne ihren jungen Ehemann zu verbringen. Wenigstens war sich Agathe nicht bewusst, in was für ein Abenteuer ich mich über die Festtage gestürzt hatte. Abgesehen vom Skifahren interessierte sie sich damals nämlich überhaupt noch nicht für den Alpinismus. Dass ich in zehn Tagen dreizehn Kilo verloren hatte, machte sie dann allerdings doch etwas stutzig.

Aber zurück zum Eiger: Als Fritz von Almen sein Fernglas endlich in das obere Drittel der Wand hob, soll er ausgerufen haben: ›Er ist ja schon da!‹ Er erkannte, dass ich es wohl schaffen würde, und riet den Journalisten, die noch vom 1. August her auf der Kleinen Scheidegg waren, nicht abzureisen, sondern zu warten, weil sich da am Berg etwas anbahne, das endlich wieder mal mit Leben und nicht mit Tod für Schlagzeilen sorgen würde. Dem nicht genug, avisierte er gleich noch verschiedene Medien, doch dringend auf die Kleine Scheidegg zu kommen. Einige der Journalisten hängten sich daraufhin wohl hinter die Fernrohre und beobachteten, wie mich die Schwierigkeiten dann doch noch einholten.

Die vierzig Meter vom Ende des Rampeneisfeldes zum Brüchigen Riss verlangten mir alles ab. Sie waren total vereist, schwierig zu klettern, das Gelände ist dort sehr senkrecht, teilweise überhängend. Es gab alte Haken, denen ich mich vorsichtig anvertraute. Zum ersten Mal an diesem Tag kletterte ich mit Selbstsicherung, was mich viel Zeit kostete, da ich es mir nicht erlauben konnte, die wenigen Karabiner, die ich dabeihatte, in den Haken zurückzulassen. So musste ich immer wieder – von oben gesichert – zurückklettern, um sie zu holen.

Als ich nach dem Brüchigen Riss auf die Uhr schaute, war es drei Uhr nachmittags geworden. Für vierzig Meter hatte ich viereinhalb Stunden benötigt. Exakt ebenso lange, wie ich für die allerersten tausend Meter der Wand gebraucht hatte!

Es war richtig, so vorsichtig zu handeln, denn ein Unfall in dieser Höhe hätte den Tod bedeuten können. Mit einem gebrochenen Fuß, einer gequetschten Hand hätte ich alleine zurechtkommen müssen, denn damals waren Rettungen aus der Wand noch in keiner Art und Weise an der Tagesordnung. Zur Kommunikation hatte ich nur meine Taschenlampe. Fritz von Almen und ich hatten abgemacht, dass ich punkt neun Uhr abends Lichtzeichen geben würde.

Abends um etwa sechs Uhr fand ich zwischen dem Corti-Biwak und dem Gipfeleisfeld einen bequemen Platz zum Schlafen und entschloss mich, die gute Stunde, die mir bis zum Ausstieg noch fehlte, am Morgen zu klettern. Ich hätte die Wand in einem Tag durchsteigen können, aber das war nicht mein Ziel. Mein Ziel war es, der erste Alleingänger zu sein, und so müde, wie ich war, wollte ich nichts riskieren. Sobald ich einigermaßen bequem saß und gesichert war, wollte ich mir eine Zigarette gönnen. Aber daraus wurde nichts. Das ganze Paket war so nass, dass ich den Tabak regelrecht ausdrücken konnte.

Nach langen und intensiven körperlichen Belastungen reagiert der Körper mit einem tiefen Viertelstundenschlaf. Mich ereilte dieser just zehn Minuten vor neun Uhr abends. Was Fritz, der mit seiner Taschenlampe am Fenster saß, weitere bange Minuten einbrachte. Nachdem ich die Zeichen endlich gegeben und von Fritz Antwort bekommen hatte, passierte dann das, was immer passierte. Mein Körper hatte sich in den fünfzehn Minuten Tiefschlaf so weit erholt, dass – in Kälte und Nässe – an Schlaf nicht mehr zu denken war.

Viele Stunden Einsamkeit, in denen einem so einiges durch den Kopf geht. Ein Gedanke drängt sich dabei immer wieder in den Vordergrund: ›Freiwillig verbringe ich nie mehr eine Nacht unter so einer Pelerine.‹ Und dann tut man's, manchmal schon ein paar Tage später, eben doch wieder. Ein ewiger Konflikt!

Einen Schlafsack hatte ich aus Gewichtsgründen nie dabei. Auch nicht am 9. August 1975, als ich mit meinem Gast Louis Frote die Nordwand zum zweiten Mal durchstieg. Damals hatten wir noch nicht diese tollen leichten Materialien, wie sie heute auf dem Markt sind. Wenigstens hatte das Hanfseil bei meinem Alleingang schon ausgedient, aber lange noch banden wir uns die Nylonseile einfach um den Bauch und sicherten uns mit dem Dülfer-Sitz. Dadurch stießen wir ständig an Limits, die heute immer weiter hinausgeschoben werden können, weil ein Sturz glücklicherweise nicht mehr den Tod bedeuten muss.

Als Ende der Sechzigerjahre die Klettergurte und mit ihnen bessere Sicherungsmethoden angeboten wurden, rümpften wir Bergführer, ehrlich gesagt, erst mal kräftig die Nase. Als dann noch etwas später Kletterfinken und Eispickel mit scharfem Zackenschliff, an die man sein Gewicht hängen konnte, auf den Markt kamen, waren wir so weit, dass wir dem Fortschritt positiv gegenüberstanden. Fortschritt ist auch im Alpinismus nicht aufzuhalten, und das ist gut so.

Ich freue mich sehr über so dynamische Verrückte wie Ueli Steck. Und das ist jetzt nicht despektierlich gemeint. Wir sind alle etwas verrückt. Müssen verrückt sein, sonst würden wir an Ort und Stelle treten. Ueli Steck gehört weltweit zu den Besten. Seine Alleingänge im Himalaja sprechen für sich. Mit solchen, auf möglichst große Sicherheit bedachten Abenteuern kann er sich weiterhin einen Namen machen. Natürlich sind die ganz großen Herausforderungen wie beispielsweise alle vierzehn Achttausender bereits gemacht. Aber das war schon bei mir so. Bereits in meiner Generation war in den Alpen, in denen ich vornehmlich unterwegs war, alles schon erklettert. Neue Betätigungsfelder fanden wir dann in den Gipfeln des Himalaja, deren Wände für die Generation von Ueli Steck noch manche Herausforderung bergen. Die Jungen gehen ihren Weg. Und diesen in einem ehrlichen, respektvollen Stil.

Am Morgen war ich total durchfroren. Ich hatte Hunger. Schlimmer war der Durst. Ich packte alles zusammen, stieg weiter und stand um etwa acht Uhr des 3. Augusts auf dem Gipfel des Eigers in der Sonne. Ein wunderbares Gefühl, das man – alleine, wie man ist – mit niemandem teilen kann. Der Gedanke, dass ich einen Fotoapparat hätte mitnehmen können, kam mir erst, als mir einer der zahlreich erschienenen Journalisten, die mich auf der Kleinen Scheidegg freudig jauchzend und laut gratulierend empfingen, zehntausend Franken für das Gipfelbild bot. Zu jener Zeit ein Vermögen!

Aber ich ärgerte mich schon damals nicht über Verpasstes, sondern freute mich am Gewesenen. Auf meinem Weg zurück über die Westflanke kam mir der Bergführer Fritz Gertsch entgegen. In den Augen helle, ehrliche Freude. Im Rucksack Kaffee, Milch, Brot, Butter, ein großes Stück rezenten Alpkäse und zuckersüße Konfitüre!«

Beim Abschied meinte Michel Darbellay, ich solle dich grüßen und dich bitte fragen, warum du die letzte Seillänge der Jungen Spinne Cry getauft hast.

Weil ich während dem Klettern dieser sechzig Meter senkrechten Passage die ganze Zeit nach unten schrie: »Stephan, pass auf!«, »Stephan, pass bloß auf!«

Wegen Steinen, die kommen könnten?

Nein.

Weil du hättest stürzen können?

Ja. Ich wäre geflogen und geflogen und geflogen … Es hätte sicher Schmerzen gegeben.

War die Situation kritischer als bei Excalibur?

Moment! Die Situation bei Excalibur war nie kritisch, sondern immer kontrolliert.

Und die in der Ausstiegsseillänge Cry?

Kritisch. Wäre ich gestürzt, säßen wir heute nicht hier. Spannend ist, dass mir das Seil an meinem Klettergurt trotz aller Widrigkeiten irgendwie Sicherheit gab. Genau aus diesem Grund passieren mit Seil mehr Unfälle als ohne. Beim Free-solo-Klettern ist klar: Löse ich die Hand im falschen Moment, ist es fertig. Schluss. Aus. Gurt und Seil ändern alles, gaukeln einem im Kopf einen Notausgang vor.

Warum bist du die letzte Seillänge vorgeklettert und nicht Stephan?

Erstens, weil Stephan davor geführt hatte und ich nun an der Reihe war, und zweitens, weil ich die Suppe selbst auslöffeln wollte, die ich uns eingebrockt hatte. Ich hatte bei unserem Materialdepot den Großteil der Bohrhaken vergessen. Mist!

Die hättet ihr doch holen gehen können!

Das hätte viel zu viel Zeit gekostet. Wir wollten die Route an diesem Tag zu Ende führen. Ich hatte die Bohrmaschine dabei, einen trockenen Akku und gerade mal vier Bohrhaken.

Vier genügen! Für eine Seillänge genügen vier!

Nun, sie mussten für den ganzen Gipfelaufbau reichen, das waren zehn Seillängen. Normalhaken, Friends und Klemmkeile hatten wir genügend dabei, leider sind sie im typischen Eigergelände, in welchem der Fels meist ziegelartig abwärts geschichtet ist, oft unbrauchbar. In den ersten Seillängen ging es noch, wir sicherten uns mit Normalhaken, aber dann, in der letzten Seillänge, in Cry, war das schlicht unmöglich. Es hatte keinen Spalt, keinen Riss, kein noch so kleines Loch, es hatte nichts als Platten, überzogen mit dünnstem Eis. Ein fixfertiger Blödsinn.

Du machtest trotzdem weiter?

Ich musste! In der Hoffnung, bald eine Sicherung anbringen zu können, war ich schon zu weit geklettert, als dass ein Zurückklettern noch möglich gewesen wäre. Es gab nur den einen Weg. Ich zog mich in der Hoffnung hoch, in den nächsten paar Metern irgendwann eben doch noch einen Haken einschlagen zu können. Aber es funktionierte einfach nicht. Über mir sah ich das Gipfeleisfeld, ich wusste nicht, ob, ich hoffte einfach, dass es reichen würde.

Dass was reichen würde – die Kraft oder das Seil?

Vom Seil her hatte ich keine Probleme, Stephan hätte es ohne Weiteres noch um zehn Meter verlängern können.

Und dann hättest du nicht sechzig Meter, sondern siebzig über ihm gestanden – ohne Sicherung!

Ich kam an meine Leistungsgrenze, Cry ist die einzige Seillänge, die ich in meinem Leben nie mehr klettern will.

Nie mehr?

Nie mehr!

Warum lächelst du?

Man soll nie nie sagen. Aber noch einmal: Hätte ich gekonnt, hätte ich Stephan gebeten, mich runterzulassen. Aber eben, ohne Sicherung war das schlicht unmöglich. Unter mir lag die ganze Nordwand, die für mich plötzlich nur noch Abgrund bedeutete. Fast senkrecht über mir war der Gipfel. Ich wusste, wenn ich den erreichen wollte, und glaub mir, das wollte ich wie noch nie etwas zuvor in meinem Leben, dann gab es nur die Flucht nach oben. Wobei meine Kletterei nicht wirklich einer Flucht ähnelte. Zug um Zug, Zacken um Zacken, Tritt für Tritt, ganz langsam und vorsichtig bewegte ich mich aufwärts. Weiter, immer weiter, und irgendwann erreichte ich das Eisfeld.

Und dort konntest du einen Haken einschlagen?

Nein, aber dort lugte ein Felsblock aus dem Schnee hervor, und an diesem Block war ein altes Stück Seil angefroren. Es muss wohl jemandem von der John-Harlin-Direttissima, die siebzig Meter weiter oben nach links quert, heruntergefallen und liegen geblieben sein. Das Seil bildete eine Schlinge, und diese war starr gefroren. Dort habe ich mich angebunden.

War es Glück, oder war es Instinkt, dass du es gefunden hast?

Instinkt hat mir schon viel geholfen, aber diesmal, diesmal war es reines, pures Glück! Es fühlte sich köstlich an. Ich entspannte mich, verkeilte den Eispickel in einem Riss, drehte eine Eisschraube rein, allerdings nur bis zur Hälfte, da das Eis zu dünn war, und platzierte einen Cliff. Dann band ich alles mit einer Schlinge zusammen und befestigte diese an meinem Klettergurt. Ja, und das war dann der letzte Stand der Route The Young Spider.

Und an diesem Stand hast du Stephan hochgesichert?

Zugegeben, es war kein lehrbuchmäßiger Stand, aber der Eiger verlangt Improvisation. Und – es war ein Stand! So gut, dass Stephan nachjümaren konnte. Ich musste allerdings achtgeben, dass ich selbst nicht zu sehr hin und her pendelte, denn hätte sich der Cliff verschoben, wäre dies beiden nicht gut bekommen.

Wie hast du es geschafft, dass die Angst dich in Cry nicht packte?

Wie immer mit Hilfe meiner Konzentration – sie ist meine Lebensversicherung. In kritischen Momenten konzentriere ich mich ganz fest, und zwar auf das, was positiv läuft. Nie auf das, was schiefläuft.

Und was, bitte, lief positiv?

Ich kam vorwärts! Es ging. Ich kletterte höher und höher. Das Eisfeld und damit der Ausstieg kamen beide – Zentimeter um Zentimeter – näher. Ich schaute nur nach vorne und vergaß mit der Zeit sogar das Runterschreien.

Ueli, ich sehe es dir an, wenn du erzählst, du warst in dieser Seillänge sehr am Limit – war da nicht mehr als Angst? Todesangst?

Nein, Todesangst ist das nicht. Du merkst schon, dass du dich extrem zusammenreißen musst, aber damit, dass du in einer Holzkiste endest, damit rechnest du, oder besser gesagt – rechne ich, sicher nicht. Wäre es anders, dürfte ich nie mehr in die Berge. Aber auch nicht mehr nach Zürich. Dort kam ich nämlich einmal schier unters Tram. Nach Cry dachte ich im ersten Moment schon, jetzt habe ich eine Zeit lang mal genug. Aber als die Müdigkeit vorbei war, änderte sich das – wie immer – sofort wieder.

Hast du dich in dieser letzten Seillänge auch selbst gesehen, hast du gesehen, wie »er« die Aufgabe meisterte?

Ja, und ich glaube, dass dies der Zeitpunkt ist, wo die Konzentration zur Meditation wird. Nur der Moment und ich. Das Einatmen und das Wiederausatmen.

Hat deshalb noch niemand die Junge Spinne wiederholt, weil es in dieser letzten Seillänge keine Bohrhaken gibt?

Nein, nein, das ist sicher nicht der Grund. Bei uns waren die Verhältnisse einfach schlecht. Ist die Eisschicht in dieser Ausstiegsseillänge nicht so extrem dünn, ist Cry bestimmt recht einfach zu klettern und mit Sicherheit besser abzusichern. Bei uns waren die Verhältnisse einfach, nun – sie waren … mehr als beschissen.

Ist es ein Kick?

Nein, ist es nicht. Es ist einfach der Weg, den ich eingeschlagen habe, und der macht mir sehr viel Freude. Da ich nicht sehr selbstsicher bin, ist es aber auch – das gebe ich zu – eine Selbstbestätigung. Als Stephan neben mir stand, war schon fast alles wieder vergessen. Wir kletterten über das Gipfeleisfeld hoch. Um neun Uhr erreichten wir ziemlich erschöpft den Gipfel. Es war inzwischen fast schon dunkel geworden.

Habt ihr oben biwakiert?

Nein, wir wollten zurück. Stephan reservierte mit seinem Handy im Guesthouse des Eigergletschers Zimmer und Abendessen, dann stiegen wir über die Westflanke ab.

In der Dunkelheit?

Das Problem war weniger die Dunkelheit als vielmehr der aufsteigende Nebel. Wir sahen kaum unsere Hand vor den Augen, unser Abstieg dauerte Stunden. Nach der ganzen vorangegangenen Anstrengung mussten wir uns nun noch einmal enorm zusammenreißen. Wir wären nicht die ersten Nordwandbegeher gewesen, die nach ihrem Erfolg schneller als gesund wieder unten gewesen wären. Wir waren zu zweit. Im Himalaja hatte ich diesen Luxus nicht mehr.

DER AUSSTIEG

Das Ziel, das Ueli sich im Everest-Gebiet gesteckt hatte, war außergewöhnlich. Drei Gipfel wollte er solo besteigen. Zwei davon hatte noch nie jemand im Alleingang erreicht. Ein Abenteuer, das ebenso zu ihm passt wie jenes, das er mir eigentlich hatte verschweigen wollen. Dass ich es doch erfuhr, kam so:

Für die Aufzeichnung seiner Erlebnisse im Khumbu, einer Subregion des Himalaja im Nordosten Nepals, gleich an der Grenze zu Tibet, besuche ich Ueli am Donnerstag, dem 5. Januar 2006, im Berner Oberland.

Vor dem alten Bauernhaus, in welchem er eine kleine Wohnung gemietet hat, erwartet mich der laut bellende Hofhund. Nachdem Ueli die knarrende Türe aufgemacht und ihn mit den Worten »Ist ja gut, Rocky, ich kenne sie« beruhigt hat, kommt der Appenzeller sofort wedelnd auf mich zu. Ueli führt mich durch die kleine Küche in sein Büro, das gleichzeitig auch Schlafzimmer ist. An Zimmer- und Küchentür hängen zusammengebundene Kletterseile, über den drei Metallstühlen am kleinen Esstisch in der Küche liegen unzählige, zu Bündeln zusammengeschnürte Karabiner, Haken, Cliffs und Eisschrauben, am Boden stehen Steigeisen neben Expeditionsschuhen und Kletterfinken. An der Heizung hängen ein Klettergurt, ein Rucksack und ein Haulbag sowie zwei Eispickel. Die ganze Ausrüstung tut der Gemütlichkeit in den getäferten Wänden keinen Abbruch und ist, wie mir Ueli ungefragt mitteilt, normalerweise in einem Schrank versorgt. Jetzt aber, meint Ueli, müsse alles erst einmal gründlich trocknen; er sei mit Nicole über Neujahr »ein wenig« im Eis gewesen.

In der kleinen Wohnung wird sofort klar, Ueli lebt mit dem Nötigsten. Mit überflüssigem Ballast gibt er sich nicht ab. Der Bürotisch ist selbst gezimmert, ebenso der Rost, auf dem die Matratze liegt. Einziger Luxus ist eine CD-Anlage, TV-Gerät hat er keines. Laptop und Drucker sind für ihn Arbeitsinstrumente, mit denen er die anfallende Administration, die sein Beruf auch mit sich bringt, erledigt. Im Bücherregal stapeln sich Kletterhefte und reihen sich Bücher aneinander, auf deren Rücken Namen wie Catherine Destivelle, Erhard Loretan, Wolfgang Güllich, Reinhold Messner, Anderl Heckmair und Walter Bonatti zu lesen sind.

An einem Pinboard steckt ein Zitat von Sokrates: »Denn alles ändert sich. Nur eines bleibt sicher immer gleich: die Wahrheit.« Die Wahrheit? Dass die ganze Ausrüstung trocknen muss, ist nur die halbe.

Wir beginnen zu arbeiten, und schon bald fällt mir auf: Ueli sitzt zwar neben mir, aber anwesend ist er nicht. Immer wieder tippt er auf seinem Laptop rum, liest im Internet – was, das kann ich von meiner Position aus nicht erkennen. Er schaut mich beim Erzählen zwar an, aber nicht so eindringlich, wie ich das von ihm gewohnt bin. Heute schaut er durch mich hindurch, und das ist neu.

Er ist zwar nett und zuvorkommend und witzig und manchmal sogar geistreich wortkarg, aber nicht echt; er gibt sich einfach Mühe, nicht unfreundlich zu erscheinen. Manchmal stelle ich Fragen und muss für einmal nicht nur lange auf eine Antwort warten, sondern erhalte gar keine. Da ich ihn inzwischen etwas kenne, wird mir bald klar, dass irgendetwas nicht stimmt. Nach einer halben Stunde schalte ich das Aufnahmegerät ab und frage, was los sei. Er habe, meint er, gestern zwei Termine absagen und sich die ganze kommende Woche freischaufeln können. Das sei wunderbar, antworte ich, dann hätten wir ja noch mehr Zeit zum Arbeiten. Jetzt ist Ueli voll da, realisiert, dass es nun wohl doch an der Zeit ist, die Katze aus dem Sack zu lassen.

Davor wirft er allerdings noch mal einen Blick auf den Bildschirm, lächelt zufrieden, und endlich begreife ich, was seine Aufmerksamkeit so fesselt: die Wetterprognose! Ich stehe auf, schaue ihm über die Schulter und staune: So weit das Auge des World-Wide-Web-Wetterfrosches in die Zukunft blicken kann, gibt es über der Schweiz nichts als eine äußerst stabile Hochdrucklage. Blauen Himmel und gleißende Sonne in den Bergen. Grauen, zähen, dicken Nebel im Unterland. Und das tagelang.

Ich erinnere Ueli daran, dass ich gerne wissen möchte, was los ist.

Er werde, rückt er nun heraus, in die Eiger-Nordwand einsteigen. Die nächste Frage brauche ich nicht zu stellen, er ahnt sie und bestätigt auch gleich: »Ja, The Young Spider.« Das »Solo?« hätte ich mir sparen können. »Logisch!«

Er rechne, wird er nun sofort viel gesprächiger, mit fünf, höchstens aber sechs Tagen. Und er werde übermorgen einsteigen. Damit ist klar: In der Zeit, die ihm bleibt, will er mir nicht seine Lebenseinstellung vermitteln und auch nicht von seinen Alleingängen im Himalaja erzählen, sondern zu sich selbst finden.

Dass er den Termin mit mir nicht abgesagt hat, liegt einerseits daran, dass die Wetterprognosen gestern noch nicht so eindeutig waren, und zweitens wohl auch an seiner guten Erziehung. Ich verspreche, wir würden nur noch das Wichtigste anschauen, alles andere habe Zeit.

Bevor ich nach Hause fahre, bitte ich ihn um eine Fotokopie seiner Hände. »Eine Fotokopie meiner Hände? Warum?« Das, erkläre ich ihm, möchte ich ihm eigentlich erst mitteilen, wenn er gesund und zufrieden wieder zurück sei. Das, meint er, möchte er aber eigentlich ganz gerne jetzt schon wissen. Aha, so einfach scheine ich trotz seiner geistigen Abwesenheit nicht davonzukommen. Also erläutere ich ihm, dass die Wissenschaft heute aufgrund der Fingerlängen auf den Testosterongehalt schließen könne, dem der Embryo im Mutterleib ausgesetzt war. Mir, fahre ich fort, sei aufgefallen, dass sein Zeigefinger im Vergleich zu seinem Ringfinger sehr viel kürzer geraten sei, und das lasse auf eine hohe Risikobereitschaft oder – man könne es auch anders sagen – ausgeprägte Männlichkeit schließen.

Ueli muss nicht sagen, was er denkt, ich lese es auf seiner Stirn: »Jetzt spinnt sie!« Da er spürt, wie ernst es mir mit meiner Bitte ist, kommt er ihr nach. Ich halte die Klappe des Druckers hoch, er legt beide Hände auf die Kopierfläche, einen Tastendruck später habe ich, was ich will. Zum Abschied wünsche ich Ueli haufenweise Glück und lasse mich von Rocky zum Tor begleiten.

Einen Tag später, am Freitag, dem 6. Januar, verbringt Ueli die Nacht im Guesthouse des Eigergletschers. Es ist bitterkalt, als er dieses am Samstagmorgen, dem 7. Januar, in aller Herrgottsfrühe verlässt und mit Sack und Pack über den Eigertrail Richtung Wandfuß geht. Es ist der Tag, an dem ich aus den Medien erfahre, dass Heinrich Harrer, den ich um ein Interview zu seiner Erstbegehung der Nordwand angefragt habe, mir dieses nie geben wird. Der letzte der vier »Eroberer« hat die letzte seiner zahlreichen Reisen, auf die er, wie er zitiert wird, gut vorbereitet war, angetreten.

Ich halte es bis zum Montag aus. Dann melde ich mich bei Röbi Bösch. Ja, bestätigt er, natürlich wisse er, dass Ueli in der Eiger-Nordwand stecke, sie hätten Kontakt übers Handy, und er habe heute bereits mit ihm telefoniert. Ueli gehe es gut. Er, Röbi, werde am Dienstag, also morgen, einen Helikopter chartern, um ihn zu fotografieren. Wenn ich wolle, könne ich gerne mitfliegen, ich solle um zwei Uhr nachmittags da sein. Das musste er mir nicht zweimal sagen.

Pünktlich komme ich bei der Helibasis der Berner Oberländer Helikopter AG in Gsteigwiler an. Gegen drei Uhr starten wir und befinden uns acht teure Minuten später unmittelbar vor dem – wie der Pilot sagt – Kühlschrank, in welchem Ueli steckt.

Der Fels scheint zum Greifen nah. Vor lauter grauem Stein, weißem Schnee und bläulich schimmerndem Eis sehe ich in dieser eindrücklichen, mächtigen Wand aber keinen Ueli.

Der Pilot hält den Helikopter immer wieder an Ort und Stelle. Ich versuche all das auszumachen, was ich von der Nordwand inzwischen kenne. Das Stollenloch kann ich nicht sehen. Die Stollenfenster schon, sie sind riesig! In dem ziegelartig abwärts geschichteten Fels, den Platten ohne Risse und Spalten, erfasse ich erst jetzt das wirkliche Ausmaß der Schwierigkeiten dieser Wand. Und dann, dann sehe ich sie. Sie hockt direkt vor mir. Die Spinne. Ein etwas »flacheres« Gelände, wo sich der Schnee sammelt und zu weißem Firn gefriert. Ich erkenne das lange östliche Spinnenbein, und kaum einen Meter darunter entdecke ich Ueli. Er sieht aus wie ein Weihnachtsbaum. Unter ihm baumeln farbige Seile, an ihm hängen Klettergeräte wie Eisschrauben, Haken, Soloist und, wie mir scheint, tausend Dinge mehr. Erst am nächsten Tag, als er – gute fünf Kilo leichter – wieder zurück ist und die erste Tasse Kaffee seit Tagen in seine geschundenen Hände nimmt, erfahre ich, dass das, was er an den Wandfuß und dann die tausendachthundert Meter hochgeschleppt hat, gegen fünfzig Kilo wog.

Nach Absprache mit dem Piloten öffnet Röbi die hintere Türe. Der Schwall kalter Luft, der mich trifft, lehrt mich, dass Ueli sich nicht in einem Kühlschrank, sondern in einer Tiefgefriertruhe befindet. Nun lehnt sich Röbi, durch zwei kurze Seile gesichert, aus dem Heli hinaus, drückt ab, bittet Jacques, den Piloten, die Vibrationen zu vermindern, was nicht möglich ist, weil ein heftiger Wind am Helikopter rüttelt.

Während Röbi fotografiert, suche ich die Wand unter Ueli nach Griffen und Tritten ab. Nichts zu sehen. Die Route The Young Spider führt über Felsplatten, die unmöglich zu klettern und außer von Ueli und Stephan ja auch noch nie geklettert worden sind. Bevor wir angeflogen kamen, war Ueli eine Seillänge in Kletterfinken geklettert. In gefrorenen Kletterfinken! Was ihm außer kalten Füßen noch die Bestätigung brachte, dass The Young Spider eine Sommerroute ist. Warum er im Winter eingestiegen ist? Keine Frage: Die Herausforderung ist größer. Und die Sicherheit auch, da es im Winter weniger Steinschlag gibt. Nach der Landung erklärt mir Röbi, dass die Sequenz, in der wir Ueli soeben gesehen haben, technische Kletterei verlange.

Ich weiß, dass es dabei um Klettern mit Hilfe von Klemmkeilen, Cliffs, Trittleitern und Sich-mühsam-Hochziehen geht. Aber es wird mir wohl immer ein Rätsel bleiben, wie man in solchem Gelände das Seil in den nächsten Haken hängt oder wie es Ueli beim Einrichten der Route in dem spiegelglatten Fels überhaupt möglich gewesen war, diese Haken anzubringen. Genauso wie ich nie begreifen werde, wie er sie in der riesigen Wand wieder finden konnte.

Später meinte er: »Hätte ich mich nicht so genau erinnert, wo ich sie eingeschlagen hatte – oft lagen sie unter Schnee verdeckt –, wäre ich nicht über das erste Drittel der Wand hinausgekommen.«

Als Röbi mit dem Fotografieren fertig ist, drehen wir ab. Aus dem Augenwinkel sehe ich, wie Ueli zum Gruß den Arm hebt. Eine halbe Stunde später wird er das Spinnenbein zu klettern beginnen, das in diesem trockenen Winter viel zu wenig Eis angesetzt hat und – er wird stürzen. Mit Steigeisen, samt Eispickel und dem ganzen schweren Material, das er umgehängt hat. Dass es »nur« zehn Meter freien Falls wurden, hat er allein dem Umstand zu verdanken, dass er dieses Mal zwei Haken neben das Bein in den Fels geschlagen hatte. Der Schmerz in seinem Knie, sagt er Röbi am Abend am Telefon, sei auszuhalten, er wisse aber jetzt schon, dass er den Ausstieg nicht über die Junge Spinne, sondern über die Heckmair-Route machen werde. Nicht wegen dem Knie. Die Verhältnisse seien ganz einfach zu schlecht. Ich atme erleichtert auf: Er wird Cry, die letzte Seillänge, also nicht klettern. »Sag niemals nie«, hat er einmal erklärt. Nun beweist er, dass er Nein sagen kann. Und das ist überlebenswichtig.

Röbi und ich bleiben, weil wir ihm am Mittwoch noch mal einen Helibesuch abstatten wollen, die Nacht über im Berner Oberland. Ueli sagt uns später, er habe, als er bei minus fünfundzwanzig Grad in seinem Schlafsack fror, daran gedacht, dass wir bestimmt gemütlich bei einer Flasche Wein zusammensitzen würden. Er hatte recht. Und ich hatte damit recht, dass er um sieben Uhr – als ich noch im warmen Bett lag – in eisiger Kälte bereits wieder kletterte. Und zwar so schnell, dass wir mit dem Heli beinahe zu spät gekommen wären.

Wir finden ihn in diesem riesigen Schatten – die Nordwand bekommt im Winter keinen einzigen Sonnenstrahl ab – ganz oben, in den Ausstiegsrissen. Breite, tiefe Furchen, überzogen von Eis, das stellenweise heimtückisch von Schnee verdeckt ist, den Ueli immer wieder von Hand wegwischt. Trotz der Schmerzen im Knie kommt er – wie er sagen würde – flott vorwärts. Pickelschlag um Pickelschlag, Tritt für Tritt steigt er durch Fels, Schnee und Eis Richtung

Nordostflanke, gerade so, als stände er auf einer Leiter. Stetig. Pausenlos. Faszinierend sieht es aus und – irgendwie – ganz leicht. Dabei strapaziert nach diesen eiskalten Nächten und dem stundenlangen Nachziehen des schweren Haulbag jeder Pickelschlag die Schultern aufs Äußerste.

Über den Kopfhörer, den ich mir im Heli übergestülpt habe, höre ich den Funkspruch eines anderen Helikopterpiloten, der Jacques fragt, ob er eine Gämse suche. Dabei lacht er und hängt an: »Nun, ist ja alles freiwillig!«

Ja, genau das ist es. Oder doch nicht? War Ueli vielleicht ganz einfach im Fruchtwasser etwas viel Testosteron ausgesetzt gewesen und tut deshalb ganz selbstverständlich all das, was anderen nur schon beim Zuhören das Blut in den Adern gefrieren lässt? Sind Uelis Mut, Selbstdisziplin, Risikobereitschaft, Ausdauer, Willenskraft, Konzentrationsfähigkeit und Präzision nur das Resultat von Hormonen?

Ich schicke die Fotokopie seiner Hände an Dr. Bernhard Fink, Soziobiologe und Anthropologe an der Universität Göttingen, der sich mit dem wichtigsten »Werkzeug« eines Kletterers beschäftigt, nämlich mit den Händen. Er bestätigt mir, dass Uelis Finger etwas Besonderes an sich hätten. Im Verhältnis zu seinem relativ langen Ringfinger habe er tatsächlich einen etwas kurzen Zeigefinger abbekommen. Was nach wissenschaftlicher Auffassung ein Anzeichen für viel Testosteron im Fruchtwasser sei. Auf meine Frage, ob er konkreter werden könne, bekomme ich folgende Erklärung:

»Männer haben im Mittel einen längeren Ringfinger als Zeigefinger. Bei Frauen ist dies meist umgekehrt. Man geht davon aus, dass dieser Unterschied zwischen den Geschlechtern hormonell bedingt ist. Genauer gesagt, dürfte die Konzentration von männlichen und weiblichen Geschlechtshormonen im Fruchtwasser einen maßgeblichen Einfluss darauf haben, wie sich die Finger im Laufe des Lebens entwickeln. Interessanterweise ist es so, dass, obgleich unsere Hände nach der Geburt noch beträchtlich wachsen, sich das Verhältnis der Längen von Zeige- zu Ringfinger nicht mehr verändert.

Neben dem körperlichen Wachstum macht auch unser Gehirn schon im Mutterleib eine bedeutende Entwicklung durch, und auch diese ist von den Geschlechtshormonen beeinflusst. Das bedeutet, ein Gehirn kann unter verstärktem Einfluss von Testosteron männlicher geprägt werden, und einige typische Unterschiede zwischen Männern und Frauen lassen sich darüber erklären. Jüngste Studien legen die Vermutung nahe, dass auch die Risikobereitschaft und die Offenheit für neue Erfahrungen und Herausforderungen sich zumindest teilweise durch einen solchen Hormoneinfluss in einer frühen Phase der Entwicklung erklären lassen.

Bei Ueli Steck stelle ich fest, dass er ein sehr ›männliches‹ Verhältnis von Zeige- zu Ringfinger hat, was ein Indikator für einen erhöhten Testosteroneinfluss ist. Nach heutiger Erkenntnis kann man sagen, dass ein solcher Mensch vermutlich eine gesteigerte Bereitschaft zeigt, Risiken und Abenteuer auf sich zu nehmen.

Es gibt eine Vielzahl von Studien, auch über Sportler wie Skifahrer, Fußballspieler und Läufer, bei welchen die Fingerlängen untersucht wurden, aufgrund deren ich das Fingerlängenverhältnis von Ueli Steck interpretieren kann. Ich kann sagen, dass die Tatsache, dass er sich einem hohen Risiko aussetzt und damit zeitweise sicher ein ›Grenzgänger‹ oder ›Alleingänger‹ ist, genau zur Theorie passt.

Seine rechte wie auch seine linke Hand haben einen überdurchschnittlich langen Ringfinger und einen deutlich kürzeren Zeigefinger, und zwar in einem Verhältnis, wie man es nur bei einem geringen Teil der Bevölkerung beobachten kann.«

Eine Erklärung, die Ueli knapp so kommentiert: »Ich bin also ein Testosteronbomber?« Dabei schmunzelt er, wird aber sofort wieder nachdenklich: »Für Nicole waren die fünf Tage und vier Nächte, die ich schließlich in der Nordwand verbrachte, schier unerträglich.« Nach einer Pause fügt er an, er habe oft mit ihr telefoniert, um ihr zu sagen, dass es ihm gut gehe. Allerdings immer nur kurz, weil er den Akku habe schonen müssen.

Sich selbst, geschweige denn sein verletztes Knie, das er später mit »erhöhten Trainingseinheiten« erfolgreich therapierte, schonte er nach der fünftägigen Strapaze in keiner Art und Weise. Gerade mal einen Tag Pause gönnte er sich, danach setzte er sich in die Jungfraubahn, fuhr bis zur Station Eigerwand und stieg dort aus dem Stollenfenster und an dem überhängenden Fels gleich noch mal in die eiskalte Wand ein.

Und dies zusammen mit seinem Freund Röbi, der – wie immer – seine sperrige Fotoausrüstung im Schlepptau hatte. Was nicht weiter erstaunt, wenn man dem Fotografen mal auf die Finger geschaut hat!

Als sie zurück waren, gab Ueli zu, dass er sich schon sehr habe überwinden müssen, um noch einmal einen vollen Tag zu frieren. Er sei schon am Morgen sehr erschöpft gewesen und habe obendrein das Knie »gespürt«. Authentischer aber, versicherte er mir, authentischer hätten die Bilder nicht herauskommen können!

»Gedanken, die vorauseilen, sind verschwendete Gedanken.«

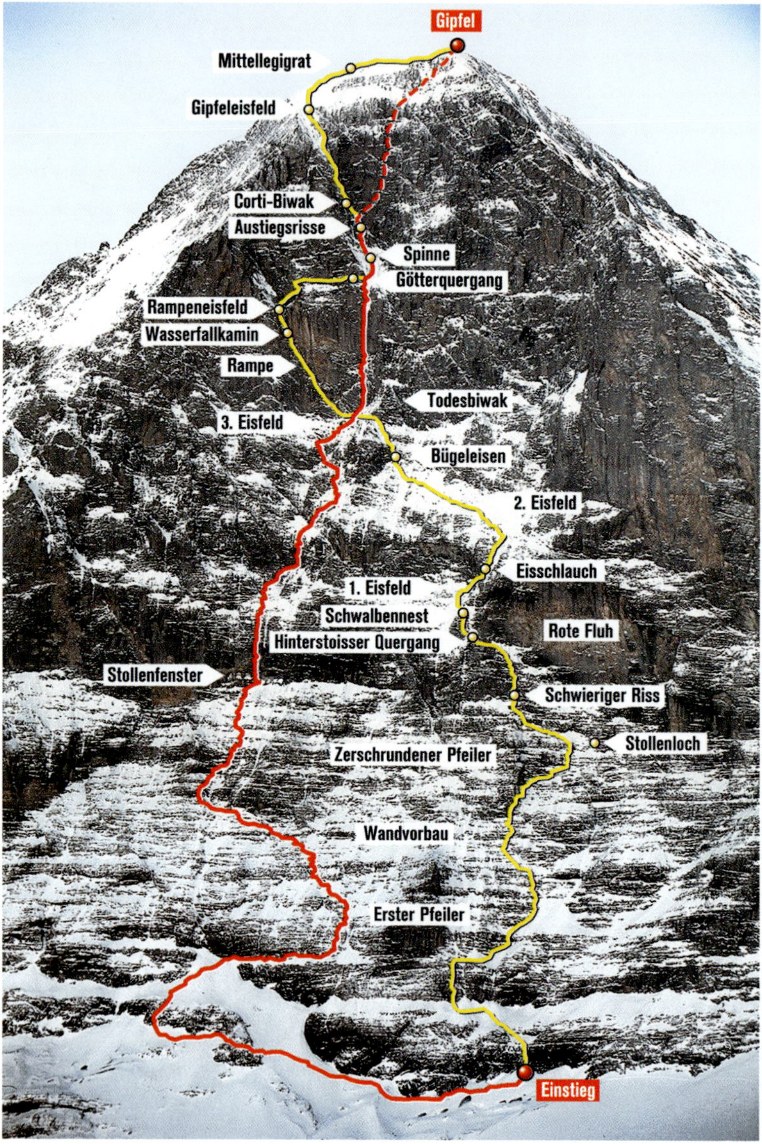

Die Eiger-Nordwand: Heckmair-Route (gelbe Linie), Route The Young Spider (rote Linie).

»Bei fünfundzwanzig Grad unter null ist eine Tasse heiße Ovomaltine das Beste.«

Am Morgen nach dem Sologang durch die Heckmair-Route.

13. Februar 2008: Zum zweiten Mal auf Speedrekord-Jagd in der Eiger-Nordwand, hier am Schwierigen Riss der Heckmair-Route.

»Um noch schneller zu sein, verzichtete ich dieses Mal auf jegliche Selbstsicherung mit dem Seil.«

»All das, was man sich vorstellen kann, wird eines Tages möglich sein.«

»Manchmal frage ich mich schon, was zum Teufel ich da mache.« Solo

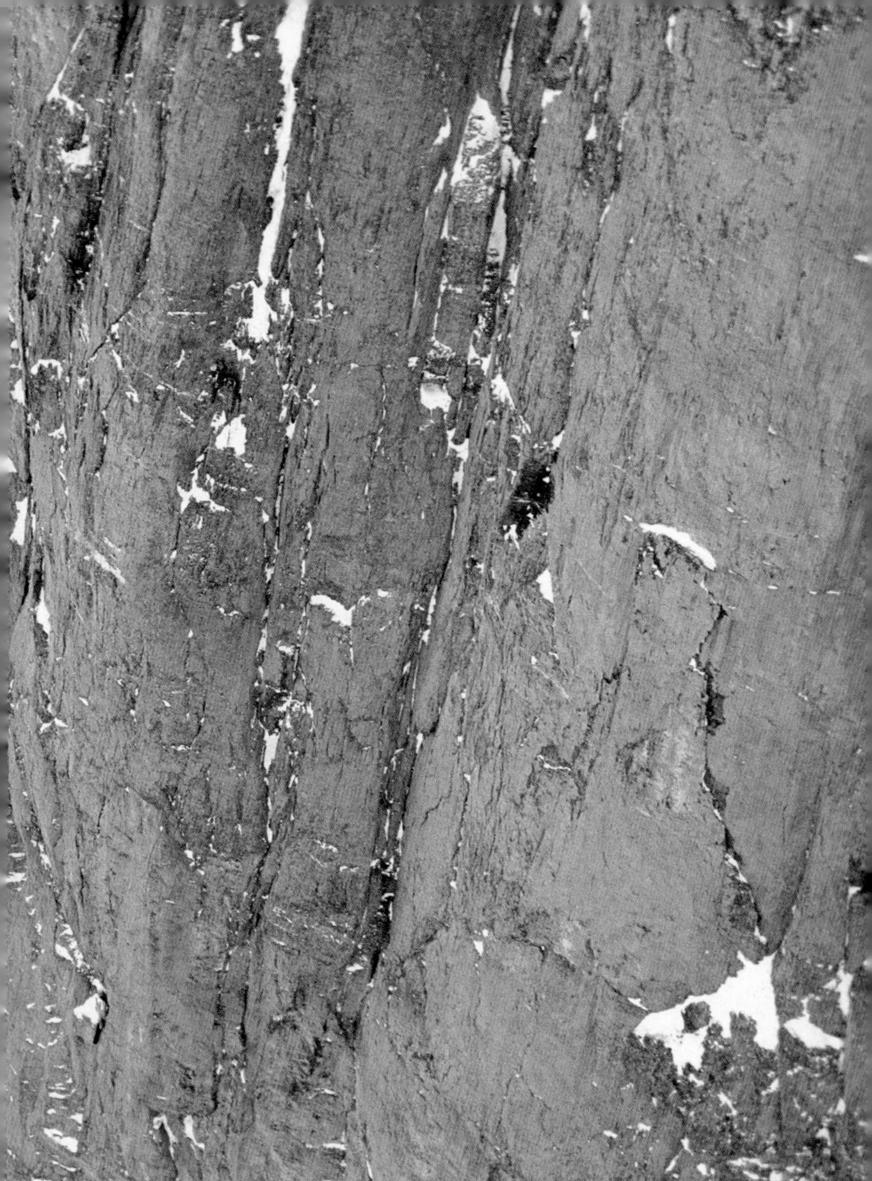

durch The Young Spider.

»Hinauf kommt nur, wer wirklich will.«

Khumbu-Express

Ueli, möchtest du einmal Familie und Kinder haben?

Das ist jetzt eine Frage, auf die du keine Antwort kriegst.

Nehmen wir an, du hättest Kinder, und die würden so verrückte Dinge tun wie du – wie würdest du damit umgehen?

Puh, das wäre eine echte Herausforderung für mich. Ich bin froh, dass ich mich dieser im Moment nicht stellen muss. Also lassen wir das. Sprechen wir lieber vom Himalaja. Dort warten reellere Herausforderungen auf mich.

Und gleichzeitig die größten?

In den Alpen gibt es große Ziele, die Steigerung aber ist ganz klar der Himalaja.
Dort, egal ob über oder unter achttausend Meter über Meer, gibt es Dimensionen, von denen man heute noch nicht sagen kann, ob sie je erreicht werden können. Und genau das macht die ganze Sache so spannend.

Es geht dabei nicht mehr um Gipfel, sondern um Wände?

Ja, und es geht um den Stil.

Ist es richtig, dass in unseren Breitengraden die Nordwände die größten Herausforderungen bergen und im Himalaja die Südwände?

Nun, eine schwierige Wand ist immer schwierig, egal, ob sie nach Norden, Süden, Westen oder Osten ausgerichtet ist. Die Südwände im Himalaja sind oft sehr steil, deshalb redet man eher von ihnen. Und bei uns ist es so, dass viele der Nordwände steil abfallen und darüber hinaus noch im Schatten liegen. Und wo Schatten ist, ist mehr Kälte, und wo Kälte ist, ist auch mehr Eis.

Und mehr Spannung?

Und mehr Spannung. Die kann man relativ gut unterlaufen, wenn man sich an Fixseilen den Berg hinaufzieht.

Sind Fixseile fehl am Platz?

Heute schon.

Du hast dich am Eiger auch an Fixseilen hochgezogen.

Ich hätte liebend gern darauf verzichtet, aber das Einrichten der Jungen Spinne wäre ohne Fixseile schlicht nicht möglich gewesen. Wenn ich von Fixseilen im Himalaja rede, dann meine ich jene, die hängen bleiben, damit die Nächsten, die kommen, es leichter haben.

Wie 1953 die Briten, die dank den Fixseilen der vorangegangenen Schweizer Expedition den Khumbu-Eisfall überwinden und so als Erste auf dem Dach der Welt stehen konnten?

Es stimmt, dass die Schweizer den Khumbu-Eisfall als erste Expedition vollständig durchstiegen haben. Das war 1952, aber ihre Seile waren ein Jahr später sicher nicht mehr vorhanden. Wie auch immer – am Jannu wurde mir bewusst, dass der Expeditionsstil mit Fixseilen nichts für mich ist.

Damals, als du mit Erhard Loretan unterwegs warst, um den Hals den Glücksbringer, den Martin, der Goldschmied, dir mitgegeben hatte?

Genau.

Ihr musstet umkehren.

Und versuchten es ein Jahr später noch einmal, allerdings zu viert.

Wart ihr das zweite Mal erfolgreich?

Nein. Wir kamen zwar etwas höher, und hätten wir noch zwei Wochen angehängt, dann hätte es durchaus klappen können. Aber als es dann zu schneien begann, brachen wir ab. Wir wollten nicht in einer Lawine enden. Den Expeditionsstil, den habe ich damals gründlich satt bekommen. Er macht mir keinen Spaß und ist – für mich zumindest – der falsche Weg.

Und nicht die richtige Art?

Mehr noch. Für meine Philosophie auch etwas unethisch.

Und wo liegt die ethische Grenze?

Die liegt für jeden woanders. Diese Linie muss jeder ganz für sich selbst verantworten. Du kannst etwas auf die Straße schmeißen und dabei denken, irgendwann wird es schon irgendwer entsorgen. Oder du kannst dir gar nichts dabei denken. Oder du kannst es zum nächsten Abfallkorb mitnehmen.

Das hat viel mit Erziehung zu tun, mit Werten, die einem vermittelt werden.

Und mit Respekt. Apropos Respekt. Ich respektiere, dass es für den einen eine großartige Leistung und ein perfektes Erlebnis ist, wenn er auf einer Normalroute, mit Sauerstoff und der Hilfe von Sherpas auf einen hohen Gipfel kommt. Ich verurteile das nicht, es ist okay, schließlich ist es für die Sherpas auch ein Wirtschaftszweig. Trotzdem – was mich nicht gut dünkt, ist, dass wir unsere Grenzen je länger, desto radikaler verschieben. Keine Grenzen mehr akzeptieren wollen. Wir kaufen uns Dinge, Erlebnisse, Erfolge, anstatt sie uns zu verdienen. Ich habe da mal etwas erlebt, das dies wunderbar illustriert.

Erzähl.

Ich habe geholfen, eine kommerzielle Everest-Expedition auszurüsten. Es waren etwa zwölf Leute, die alle Klettergurte, Schlafsäcke, Kleider, Schuhe und so weiter brauchten. Dabei empfahl ich einem Mann einen speziell leichten Klettergurt, drückte ihm diesen in die Hand und bat ihn, ihn anzuziehen. Dann ließ ich ihn stehen und schaute, wer sonst noch meine Beratung brauchte. Nach einer gewissen Zeit drehte ich mich zu ihm um, und da stand er – den Klettergurt immer noch in der Hand. Er wusste nicht, wie er ihn anziehen musste! Er war noch nie in seinem Leben in einen Klettergurt gestiegen. Später hörte ich, dass er auf dem Everest gestanden sei. Natürlich ist das eine großartige Leistung. Ich will niemanden angreifen. Die kommerziellen Expeditionen haben durchaus ihre Berechtigung, aber, wenn wir so weitermachen, wenn wir jedes Ziel, das wir uns setzen, egal wie, durchboxen, es uns erkaufen, dann machen wir viel kaputt. In zwanzig Jahren, da bin ich mir sicher, klettern die Jungen besser, als wir das heute tun. Nicht nur, weil sie neues Material zur Verfügung haben werden, sondern auch, weil sie wahrscheinlich spezifizierter trainiert sind. Es wäre doch fair, die neue Generation hätte dann auch noch Wände zur Verfügung, die nicht mit Fixseilen verschandelt sind.

Also, bleiben wir bei der Ethik. Würdest du, wenn du die Gelegenheit hättest, mit einer kommerziellen Expedition auf den Mount Everest steigen?

Was soll ich sagen? Es wäre gelogen, wenn ich Nein sagen würde. Der Everest ist der Everest. Keine Frage! Ich würde gehen! Wenn es sein muss, sogar mit einer kommerziellen Expedition und auf der Normalroute. Aber wertvoller für mich wäre es, ich könnte die Route selber wählen. Eine schwere Route am Everest, das würde mich sehr interessieren. Aber dafür einen Sponsor zu finden ist fast unmöglich.

Du hast doch einen Sponsor.

Ja, Romolo Nottaris mit seiner Firma New Rock, aber eine Everest-Expedition würde sein Budget sprengen. Weißt du, genau genommen bräuchte ich mindestens noch einen Sponsor, damit ich mich ausschließlich aufs Klettern konzentrieren könnte, aber den zu finden ist alles andere als einfach.

Gibt es am Everest noch die Möglichkeit einer Erstbegehung?

Die Südwand!

Die hat noch nie jemand begangen?

Doch, schon, aber nie direkt. Die direkte Route durch die Südwand, die gibt es noch nicht. Viel zu schwierig. Und wahrscheinlich der neuen Generation vorbehalten.

Sie reizt dich?

Mich reizt noch vieles!

Du warst noch nie auf einem Achttausender – warum nicht?

Weil ich bis jetzt noch nicht bereit dafür war. Ich will mich langsam herantasten.

Dann waren die drei Gipfel Cholatse, Tawoche und Ama Dablam, die du im Khumbu machen wolltest, quasi Fingerübungen für ein höheres Ziel?

Wenn du so willst. Natürlich interessierte es mich, oben auszusteigen, aber fast noch wichtiger war zu sehen, wie ich unter den Bedingungen des Himalaja solo zurechtkomme.

Warum solo? Warum nicht zu zweit?

Genau wie beim Free-solo-Klettern. Ich wusste, dass ich es kann, also musste ich es versuchen. Jetzt sind wir von der Jannu-Nordwand abgekommen! Sie ist im Mai 2004 erstbegangen worden, man könnte für einmal auch sagen: bezwungen.

Von wem?

Von Russen. Ich weiß nicht mehr genau, ich glaube, es waren sechzehn Bergsteiger, die zwei Saisons in der Wand verbrachten. Sie hatten viel Material mitgebracht und sich beim Klettern abgewechselt. Während die einen arbeiteten, erholten sich die anderen im Lager. Es war die Leistung eines Teams.

Ist die Jannu-Nordwand jetzt, wo sie geknackt worden ist, für dich noch spannend?

Sie im Alpinstil zu versuchen wäre sicher eine Herausforderung. Aber es ist – das gebe ich zu – schon so, dass in dem Moment, wo sie von anderen begangen worden ist, für mich eine gewisse Mystik verloren geht.

Und was macht die Mystik aus?

Dass noch niemand zuvor durch diese Wand raufgekommen ist. Es noch keinem vergönnt war. Der Weg noch geheimnisvoll ist.

Und es ist schön, dieses Geheimnis als Erster zu lüften?

Es geht nicht darum, ein Geheimnis zu lüften.

Sondern darum, Erster zu sein?

Nicht im Sinn von Wettbewerb oder Erfolg, sondern im Sinn von einen Weg begehen, den noch niemand zuvor ging.

Ein Pionier sein?

Wenn du so willst. Als Erster den Südpol zu betreten war auf alle Fälle etwas ganz anderes als als Zweiter. Oder? Und dies, obwohl der Zweite – genau genommen – die gleiche Leistung erbracht hatte wie der Erste. Gut, er konnte auf ein wenig mehr Informationen bauen, aber trotzdem! Eigentlich war es die genau gleiche Leistung. Und doch – auch wieder nicht. Schließlich hatte der Zweite diese Gewissheit im Hinterkopf, dass es offensichtlich möglich ist, lebend heimzukommen, auch wenn er dies schließlich, meine ich zu wissen, nicht schaffte. Weißt du, wie der Astronaut heißt, der als Erster seinen Fuß auf den Mond gesetzt hat?

Es war der Amerikaner Neil Armstrong.

Und jetzt sag mir bitte, wer ihm folgte.

Keine Ahnung.

Das ist es!

Du willst also berühmt werden?

Wenn ich dadurch mehr zum Klettern komme, warum nicht? NEIN! Ich will nicht berühmt werden, ich will dir nur erklären, um was es mir geht.

Ich hab's doch längst kapiert, es geht dir nicht um öffentliches Tamtam, sondern um die stille Freude tief in dir drin.

So blumig hätte ich's jetzt nicht ausgedrückt, aber es stimmt schon, darum geht es.

Geht es um Spiritualität?

Wenn du Spiritualität nicht mit Religion gleichsetzt.

Spiritualität ist konfessionslos. Es handelt sich dabei um das Bewusstsein, dass der Ursprung der Seele einer göttlichen oder – wenn du lieber willst – nicht fassbaren Instanz zu verdanken ist.

Im Himalaja gibt es Momente von atemberaubender Schönheit, in der eine – wie du wohl sagen würdest – heilige Würde liegt, die – ja – durchaus glücklich macht. Aber frag jetzt nicht wieder, ob ich an ein Leben nach dem Tod glaube! Am Berg, wenn ich am Klettern bin, empfinde ich keine heilige Würde, sondern nichts anderes als den Moment. Knallharte Fakten, mit denen ich fertig werden muss. Und das kann ich nur, wenn ich zum Egoisten werde! Zu einem absoluten, aber auch sehr glücklichen Egoisten.

Am glücklichsten machen dich also die realen Herausforderungen, denen du dich im Himalaja stellen kannst?

Ja.

Beim Cholatse und beim Tawoche warst du bis jetzt der Einzige, der sich diesen Herausforderungen mutterseelenallein gestellt hat. Auch auf Routen, die noch nie zuvor jemand geklettert ist?

Das weiß ich nicht. Die Besteigungen der Sechstausender sind nicht so minutiös dokumentiert wie die der Achttausender. Vielleicht waren es neue Routen, vielleicht auch nicht. Tatsache ist, dass ich nirgends einen Haken gefunden habe und weder auf einen Routenbeschrieb noch auf andere Informationen zurückgreifen konnte. Ich habe mir den Weg selbst gesucht.

Der letzte der drei Gipfel deines Khumbu-Expresses, die Ama Dablam, aber ist dir verwehrt geblieben. Interessanterweise wärest du dort nicht der erste Alleingänger gewesen.

Es wäre der erste Alleingang durch die Nordostwand und ihre dritte Begehung überhaupt gewesen. Glaub mir, ich wäre gerne nach oben gekommen, damals. Und dies, obwohl ich ein paar Monate zuvor – im Abstand von nur vier Tagen – zweimal auf ihren Gipfel kletterte. Über die Normalroute allerdings.

Langsam, langsam, warum warst du ein paar Monate zuvor schon an der Ama Dablam?

Romolo, mein Sponsor, fragte mich, ob ich ihn und seine Freunde auf die Ama Dablam begleiten und ihnen die Lager einrichten würde. Ich war also quasi als Sherpa mit von der Partie.
Während Romolo und seine Freunde kleine Touren machten, um sich zu akklimatisieren, bereitete ich – zusammen mit einem Koch und einem Sherpa – alles vor. Normalerweise herrscht zwischen uns Europäern und den Sherpas immer eine gewisse Distanz, doch als wir nur zu dritt waren, änderte sich das schnell. Als Erstes feierten wir die obligate Puja, eine buddhistische Zeremonie, mit der die Geister des Berges um Nachsicht gebeten werden. Danach schleppten Lapka, der Sherpa, und ich das schwere Material für die Lager den Berg hinauf. Keine wahnsinnige Leistung, aber doch recht anstrengend. Als wir beide gleichzeitig oben ankamen, war ich von Stund an kein Fremder mehr, sondern akzeptiert.
Nachdem wir alles eingerichtet hatten, machte ich einen Tag Pause und verabschiedete mich nach einem reichhaltigen Frühstück im Basislager von meinen beiden neuen Kollegen, nahm etwas zu trinken mit, band meine Goretex-Jacke um den Bauch und ging auf der Normalroute los. Wie ein Sonntagsspaziergänger. Es war absolut genial. Ich kam schnell vorwärts und stand sieben Stunden später oben.

Die Aussicht war gewaltig: Mount Everest, Lhotse, Cho Oyu, Makalu. Trotzdem blieb ich nicht lange – es herrschten fünfundzwanzig Grad minus, und meine Goretex-Jacke war dafür eigentlich zu dünn. Bevor ich abstieg, funkte ich dem Kochsherpa, ich würde mich schon aufs Nachtessen freuen. Als ich um halb neun zurück war, erwartete mich nicht nur ein Teller dampfender Spaghetti, sondern zum Dessert auch noch Kuchen und Reisschnaps. Die beiden wollten mich feiern. So schnell hatten sie noch nie jemanden auf- und wieder runtersteigen sehen. Sie haben die Welt nicht mehr begriffen.

Hast du einen neuen Geschwindigkeitsrekord aufgestellt?

Nein, das glaube ich nicht. Ich war einfach schnell. Das merkte ich spätestens, als ich zwei Tage später mit Romolo und seinen Freunden einstieg und – wieder zwei Tage später – auf dem Gipfelgrat Bergsteiger überholte, die ich bereits vier Tage zuvor schon einmal hinter mir gelassen hatte.

Das wäre eine wunderbare Rechnung für die Schule: Wenn ein Bergsteiger einen anderen Bergsteiger in vier Tagen zweimal überholt, wie viele Male war er dann auf dem Gipfel? Wie lange hat man normalerweise auf die Ama Dablam?

Soll ich's dir in einer Rechnung erklären?

Nein, bitte nicht.

Wenn man auf der Normalroute zweimal übernachtet, ist man schnell, normalerweise macht man drei Lager.

Dann warst du aber wirklich schnell. Dank den Fixseilen?

Jetzt mach mal einen Punkt! Glaubst du tatsächlich, ich hätte mich an den Fixseilen hochgezogen?

Pardon!

Frag mich, ob ich mich an ihnen gesichert habe, dann sage ich Ja. Aber belastet habe ich die Seile nie. Ich bin geklettert. Sehr oft auch ungesichert, wenn ich die überholen musste, die sich an den Seilen hochjümarten.

Man jümart sich an diesen Seilen hoch?

Die, die nicht klettern können, schon.

Die haben gestaunt, nehme ich an, als du dich ausgehängt und an ihnen vorbeigehetzt bist. Rechts oder links?

Wie es halt grad ging. Die Ama Dablam wurde übrigens 1961 in einer von den Behörden nicht bewilligten Expedition über den Südwestgrat, die heutige Normalroute, erstbegangen. Sir Edmund Hillary, der Erstbesteiger des Mount Everest, leitete sie, stand aber nicht oben. Ich machte mir ein Spiel daraus, mir zu überlegen, wo sein Team wohl durchgegangen war. Und ich kann dir sagen, die Männer bewiesen großen Mut.

Vom Basislager bis auf den Gipfel – wie viele Meter sind das?

Das Basislager liegt auf 4900 Meter, der Gipfel auf 6856 Meter – rechne!

Und mache weitere lustige Beispiele?

Du hast damit angefangen! Damals, als ich mit Romolo im Khumbu-Gebiet war, habe ich übrigens die Gegend erkundet und mir dabei den Plan für meinen Khumbu-Express zurechtgelegt. Und diesen gleich mit Romolo besprochen, der mir die Zusage gab, dieses Abenteuer zu finanzieren.

Warum zogest du, statt der Ama Dablam, nicht einen anderen dritten Berg in Betracht?

Weil mich ihre tausendsiebenhundert Meter hohe Nordostwand lockte. Es ist ein heiliger Berg, für den die Behörden in Nepal nach der unerlaubten Erstbesteigung achtzehn Jahre lang keine Permits mehr ausstellten.
»Ama« bedeutet in der Sprache der Sherpas »Mutter«, »Dablam« steht für »ein um den Hals getragenes Medaillon«. Sie wird von ih-

rer Form her oft mit dem Matterhorn verglichen und gilt für viele als der schönste Berg der ganzen Welt.

Und für dich?

Sie ist wirklich schön, aber der schönste Berg der ganzen Welt? Ich habe Mühe mit solchen Superlativen.

Warum wolltest du gerade die Nordostwand klettern?

Weil es dort eine geniale Linie gibt.

Und dann bist du umgekehrt – warum?

Es begann leider, schon kurz nachdem ich eingestiegen war, zu schneien und wollte nicht mehr aufhören. Die ersten – allerdings noch kleinen – Lawinen ertrug ich. Als sie dann größer und größer wurden und mir alles um die Ohren flog, war mir klar, dass es nicht mehr lange dauern konnte, bis sie mich aus der Wand hauen. Und als dieser Gedanke kam, war es Zeit, umzukehren.

Ist im Himalaja nicht jede Lawine lebensgefährlich?

Wenn das Gelände steil genug ist, gehen sie über dich weg – kein Problem. Allerdings nur, solange sie nicht zu groß sind. Je größer sie werden, desto heftiger werden sie, und dann kannst du dich noch so flach an den Fels drücken, irgendwann wirst du allein durch ihren Druck aus der Wand gefegt und stürzt ab.

Und dein Ausgebranntsein – du hattest davor schon den Cholatse und den Tawoche bestiegen – hat für dein Umkehren keine Rolle gespielt?

Ich war sicher nicht mehr in Topform, aber auch eine bessere Form hätte die Lawinen nicht kleiner werden lassen. Du kannst mir glauben, der Entscheid, umzukehren, fiel mir nicht leicht. Ich war trotz der widrigen Verhältnisse gut vorangekommen und hatte die schwierigsten Passagen bereits hinter mir. Ich wusste, biwakiere ich, komme ich am nächsten Tag nach oben.

Und hättest die Wand in zwei Tagen geschafft?

Hätte, ja! Ich versuchte dies auch. Übernachtete noch oben. Um auf ein Plateau zu kommen, auf welchem ich ein lawinengeschütztes Biwak in den Schnee graben konnte, musste ich mich allerdings ein rechtes Stück abseilen. Am Morgen stellte ich dann frustriert fest, dass sich die Situation nicht entschärft hatte. Es war nicht gut, ich spürte förmlich, dass ich nicht überleben würde, wenn ich nicht die Kraft finden würde, aufzugeben. Wobei – ganz ehrlich –, in dem Moment ging ich so unten durch, dass ich nur noch zurückwollte.

Was heißt unten durch?

Das heißt, dass man am Morgen zum Loch des Biwaks rausschaut und aufpassen muss, dass man nicht von einer Lawine mitgerissen oder von Eis erschlagen wird. Es war schon ziemlich ungemütlich, meine Motivation, hinunterzugehen, war in diesem Moment ungleich größer als die, weiter aufzusteigen. Und trotzdem! Es war ein grässliches Hin und Her. Soll ich wirklich runter, ist es nicht doch möglich? Ich beobachtete die Schneedecke, überlegte, wie viel es schon geschneit hatte und wie wenig es noch schneien durfte, damit meine Chancen, doch noch auf den Gipfel zu kommen, intakt blieben. Ob es sich lohnen würde, noch einmal eine Nacht abzuwarten. Aber ich konnte kalkulieren, wie ich wollte, ich kam immer zu demselben Ergebnis.

Absteigen.

Zuerst machte ich Kaffee, schob den Entscheid noch einmal etwas hinaus.

Normalerweise geht es einem besser, wenn man den Entschluss dann endlich gefasst hat.

Mir ging es alles andere als besser, weil ich noch während des Abseilens ständig daran gedacht habe, umzukehren. Jede Minute musste ich mich neu zusammenreißen, um nach unten und nicht wieder nach oben zu steigen! Dass ich es doch nicht tat, war auch der Tatsache zu verdanken, dass ich mich überlistet hatte. Ich hatte meinen Proviant oben deponiert. Als kleines Versprechen an mich, es in zwei, drei Tagen, wenn das Wetter hoffentlich besser sein würde, noch einmal zu versuchen.

Wie lange brauchtest du, bis du wieder im Basislager warst?

Vier Stunden, vielleicht fünf; ich weiß es nicht. Als ich unten war, dachte ich: »Was bist du nur für ein Trottel, so kurz vor dem Ziel aufzugeben.« Der nächste Morgen empfing mich strahlend schön. »Trottel, Trottel!« Es hat dann allerdings rasch zugezogen, und die drei folgenden Tage schneite es ohne Unterbruch. Wäre ich oben geblieben, wäre ich nie mehr runtergekommen.

Und dann? Bist du nicht mehr eingestiegen?

Nein.

Warum nicht?

Nun, das war eine Auseinandersetzung mit mir selbst. Und am Ende dieses Prozesses wusste ich: Es reicht! Ich kann nicht mehr. Die Angst schlich sich ein. Ich war mir plötzlich nicht mehr sicher. Das ist der Moment, wo es fertig sein muss. Abbruch. Genug gespielt.

Und wenn der Wetterbericht Besserung vorausgesagt hätte? Hättest du dann weitergespielt?

Das ist eine müßige Frage – es gab keinen Wetterbericht.

Wieso nicht?

Ich habe keinen gewollt.

Das verstehe ich jetzt nicht.

Ich – habe – keinen – gewollt.

Aha.

Das wäre gemogelt gewesen.

Ein Wetterbericht wäre gemogelt gewesen? Klettert im Himalaja nicht jeder mit einem Wetterbericht?

Woher soll ich das wissen? Wichtig ist, dass ich – wenn ich solo klettere – absolut selbständig entscheiden will. Es war bei allen drei Wänden meine Einschätzung, ob das Wetter gut bleibt oder nicht. Es war mein Entscheid, ob und wann ich einsteige. Verstehst du? Ich war es, der sagte, wo es durchgeht, ich entschied, wo ich biwakiere, es war meine Verantwortung, gesund oben anzukommen, und es war meine Entscheidung, abzubrechen, um heil wieder runterzukommen.
Am Schluss hatte ich alles ohne Hilfe – auch ohne die eines Meteorologen – geschafft. Es war durch und durch einzig und allein meine eigene Leistung.

Du hast also nie einen Wetterbericht gelesen?

Ich habe das Wetter schon gelesen. Aber nicht auf dem Papier, sondern am Himmel.
Und ich habe es gespürt, am Wind. Wenn man sich genug Zeit nehmen kann, kann man schon abschätzen, wie sich die Lage entwickelt. Stell dir vor, ich wäre mit einer Schönwetterprognose eingestiegen und das Wetter hätte nicht gehalten.

Was dann?

Dann wäre der Meteorologe der Idiot gewesen und nicht ich, und das wollte ich nicht. Ich wollte die Schuld eines eventuellen Misserfolges nicht jemand anderem in die Schuhe schieben können.

Aber bevor du in die Junge Spinne gestiegen bist, hast du dir den Wetterbericht auch angeschaut. Sogar – wenn ich dich daran erinnern darf – sehr gründlich.

Bei uns ist das ja wohl auch das Normalste der Welt.

Im Himalaja nicht?

Im Himalaja muss ich dafür einen Laptop mitnehmen, muss irgendwie Satellitenanschluss haben oder jemanden, der mir den Wetterbericht liefert. Ein Riesenaufwand, der nicht in diese karge Gegend und erst recht nicht zu einem Sologang passt. Natürlich wäre meine Chance, auf allen drei Gipfeln zu stehen, größer gewesen, aber genau diese Hilfe wollte ich nicht.

Aber den Koch im Basislager, den hast du dir gegönnt.

Logisch! Das ist seine Arbeit. Es gibt Köche dort. Und es gibt Zelte, und es gibt Flugzeuge oder Fahrzeuge, die einem beim Materialtransport helfen. Ich sage ja nicht, ich will alles alleine machen. Die Infrastruktur, die existiert, benütze ich – zumindest ein Stück weit – gerne. Im Übrigen bin ich ja auch nicht päpstlicher als der Papst. Das Satellitentelefon, das habe ich nicht verweigert. Im Gegenteil. Ich möchte nicht wissen, wie hoch die Rechnung dafür gewesen ist.

Und warum weißt du es nicht?

Weil Romolo sie netterweise stillschweigend beglichen hat.

Und warum war sie so hoch?

Nicole.

Du hattest Sehnsucht?

Sehnsucht? Finde ein anderes Wort – dieses kommt dem Gefühl, das ich damals empfand, nicht im Entferntesten nahe.

Ganz schlimmes Heimweh vielleicht.

Ganz, ganz, ganz schlimmes Heimweh, ja, warum nicht. Es setzte in dem Moment ein, als Nicole, die mich in den ersten drei Wochen zur Akklimatisation in den Khumbu begleitet hatte, abreiste. Die Tage mit ihr waren traumhaft schön. Wir waren viel unterwegs und machten auch eine Tour auf den Island Peak, gingen Richtung Everest-Basislager, alles ganz gemütlich. Eine bessere Akklimatisation hätte ich mir nicht wünschen können. Bevor ich ins Basislager des Cholatse ging, mussten wir uns verabschieden.

Warum ging sie?

Weil ihre Ferien zu Ende waren. Ich gab ihr einen Sherpa mit, der sie nach Kathmandu begleitete, und ging ein Stück mit. Nicht weit, dann musste ich umkehren. Dass sie ging, das war gar nicht gut, es machte mich kaputt. Eine total irre Situation.

Du hättest mit ihr gehen können.

Tolle Idee!

Und dann – wie hast du dich von ihr verabschiedet?

Mit einer schnellen Umarmung. Ich wollte nicht, dass sie die Tränen in meinen Augen sieht. Ich drückte sie, drehte mich um, spurtete ins Basislager zurück. Verkroch mich in meinem Zelt.

Hattest du den Gedanken im Hinterkopf, dass du sie vielleicht nie mehr sehen wirst?

Warum?

Weil du keinen Sonntagsspaziergang vorhattest!

Denkst du, wenn du in ein Flugzeug steigst und dich von deinem Mann verabschiedest, jedes Mal, es könnte die letzte Umarmung sein?

Nein.

Also!

Ein Flugzeug besteigen ist ja wohl etwas anderes, als drei Gipfel im Himalaja zu erklimmen. Ersteres ist das Normalste auf der Welt. Was man von dem Zweiten nicht gerade behaupten kann.

Okay, ist ja gut. Nein, ich dachte – genau wie bei Excalibur – auch dort nicht an den Tod. Zumindest nicht, als ich mich von ihr verabschiedete.

Aber später?

Dazu später!

Für Nicole muss der Abschied noch härter gewesen sein als für dich.

Bestimmt, denn sie hatte die passive Rolle. Ich hingegen musste bald schon Entscheidungen treffen, mich vorbereiten, alles packen, Material an den Wandfuß des Cholatse tragen. Ich war abgelenkt. Sie jedoch? Es muss der reine Horror gewesen sein für sie.

Muss? Hast du sie nie danach gefragt, wie es für sie gewesen war?

Nein.

Warum nicht?

Es hat sich nicht aufgedrängt.

Hast du Angst, sie könnte dich zum Aufhören überreden?

Nein, das tut sie nicht. Sie weiß, wie viel mir meine Alleingänge bedeuten. Wenn ich vor etwas Angst habe, dann davor, dass ihr Vertrauen in meine Fähigkeiten sich erschöpfen könnte und sie mit den Sorgen, die sie sich dann wohl machen würde, nicht mehr umgehen könnte.

Darüber redet ihr?

Und wie! Und jetzt hör auf zu bohren.

Themawechsel?

Das wäre nett.

Gut, bitte: Du hattest mit deiner Vermutung recht.

Mit welcher Vermutung?

Dass der Zweite am Südpol nicht lebend zurückkam. Es war so: Am 14. Dezember 1911 erreichte Roald Amundsen, ein norwegischer Polarforscher, mit einer Expedition als erster Mensch den Südpol. Allerdings war sein britischer Rivale Robert Scott damals auch schon auf dem Weg und kam exakt fünf Wochen später am südlichsten Punkt der Erde an. Der Erste …

Internetrecherche?

Nur zum Teil, warte. Also: Der Erste kam lebend zurück, der Zweite geriet mit seinem Team – sie waren zu fünft – auf dem Rückweg in einen Schneesturm und starb.

Die ganzen Daten, ja, die findet man im Internet. Dass der Zweite allerdings tatsächlich nicht überlebte, darauf machte mich jemand aufmerksam, den ich besucht habe und dem ich von deinen Überlegungen zu Erstbegehungen erzählt habe.

Und dieser »er« ist einer, der etwas zu erzählen hat? Und Röntgenbilder veranlassen kann? Zum Beispiel solche eines gebrochenen Handgelenks? Oswald?

Volltreffer!

Prof. Dr. Oswald Oelz wurde 1943 im Vorarlberg in Österreich geboren, studierte in Innsbruck Medizin und lebt heute in der Nähe von Zürich. Mit fünf Jahren unternahm er – zusammen mit seiner Mutter – seine erste große Bergtour. Mit acht träumte er vom Himalaja, mit siebzehn stand er auf dem Matterhorn, mit fünfunddreißig auf dem Mount Everest. 1990 hatte er, als dritter Mensch überhaupt, die sieben höchsten Gipfel aller Kontinente, die so genannten Seven Summits, bestiegen. Ein Jahr später wurde er zum Chefarzt der Medizinischen Klinik des Zürcher Stadtspitals Triemli ernannt. Ein viel beschäftigter Mann, der nicht nur als einer der weltweit führenden Forscher auf dem Gebiet der Höhenkrankheit gilt, sondern auch noch Bücher schreibt. Zeit für ein Interview hat er eigentlich keine. Nimmt sich diese aber sofort, als er hört, dass es um Ueli Steck geht.

In seinem Wartezimmer liegen keine Illustrierten und keine Frauenmagazine auf, sondern Kletterhefte und »National Geographic«. Im Sprechzimmer zeugt ein sympathisches Chaos von noch viel zu erledigender Arbeit. An den Wänden hängen Bilder von fotografierten oder gemalten Bergen. Die, die keinen Platz mehr fanden, stehen auf dem Boden. Als ich ihm zu Beginn unseres Gespräches sage, Ueli habe die Junge Spinne nachgeklettert, und zwar solo, zieht er die Augenbrauen zusammen, schaut mich ungläubig an, schmunzelt dann und meint:

»Ueli ist ein Ausnahmetalent, nein, er ist ein exzeptionelles Ausnahmetalent. Er verfügt nicht nur über technische und bergsteigerische Spitzenfähigkeiten, sondern auch über eine unglaublich stabile Psyche. Ich möchte sagen, eine unfassbar stabile Psyche! Ueli verkörpert eine neue Dimension im Alpinismus. Von der Schwierigkeit her, die er in jedem Gelände zu klettern fähig ist, genauso wie von der Expositionsfreudigkeit und vom Stil her.

Die beiden gefährlichsten Wände des Himalaja, die ich geklettert bin, waren 1972 die Manaslu-Südwand und zwei Jahre später die Südwand des Makalu. Die größte Gefahr dabei bestand in großen Eislawinen. Die technischen Schwierigkeiten, welche uns diese Wände bereiteten, umgingen wir, indem wir Fixseile benutzten und bei solchen Herausforderungen immer in Seilschaften unterwegs waren.

Ich verstehe den Reiz absolut, der in Sologängen liegt, aber ich hätte, als ich dafür noch jung genug war, erstens viel zu viel Angst davor gehabt und wäre, zweitens, dazu schlicht nicht in der Lage gewesen.

Die Himalaja-Exkursion, die Ueli im Khumbu gemacht hat, zeigt, zu was er fähig ist. Seither kann man ihn getrost in die Liga des Spitzenalpinisten Tomaz Humar einstufen. Der Slowene hatte mit seiner Solodurchsteigung der Südwand des siebthöchsten Berges der Welt, des Dhaulagiri, im Jahr 1999 alpine Geschichte geschrieben. Kurz darauf stürzte er – Ironie des Schicksals – vom Rohbau seines eigenen Hauses und verletzte sich dabei erheblich. Dass er wieder auf die Beine kam, grenzt an ein medizinisches Wunder und hat viel mit der Psyche eines Extremalpinisten zu tun. Diese nützte Humar erneut, als er im Sommer 2005 die Rupalflanke am Nanga Parbat im Alleingang und auf einer neuen Route durchsteigen wollte. Ein Schlechtwettereinbruch stoppte ihn auf über sechstausend Meter Höhe, wo er – nur behelfsmäßig gesichert – sechs

Tage lang ausharren musste, bis ihn ein mutiger pakistanischer Helikopterpilot aus seiner misslichen Lage befreite.

Ohne Glück, das stimmt schon, geht es im Alpinismus nicht. Deshalb: Falls Ueli seine weiteren Pläne glückvoll durchziehen kann, wird man noch ganz Erstaunliches von ihm hören.

Glück ist nicht beeinflussbar – was man beeinflussen kann, das ist die Psyche. Allerdings braucht es neben einer soliden Grundstruktur wahrscheinlich noch – nun, wenn ich ehrlich bin, weiß ich nicht, was die Voraussetzungen dafür sind, dass man so mutig werden kann, sich immer wieder von Neuem an seine Grenze zu wagen. Was sicher hilft, ist die Erfahrung. Die Erfahrung, dass man ›es‹ kann. Das ist – glaube ich – das Entscheidende bei der immer wiederkehrenden Überwindung der lähmenden Angst. Und eine gewisse Angst hat Ueli bestimmt, sonst wäre er nicht mehr am Leben. Ohne Angst stirbt man in den Bergen sehr rasch. Und ohne Erfahrung erst recht. Auch Ueli hat nicht mit der Jungen Spinne begonnen. An diese absolut verrückte Route tastete er sich über Jahre heran. Er nahm sich Zeit, seine Fertigkeiten auszubauen, Erfahrungen zu sammeln und sein Können kontinuierlich zu steigern.

Ob in den Alpen oder im Himalaja – wenn man in einer großen Wand solo unterwegs ist und runterfällt, dann ist man tot. Der Unterschied zwischen den Alpen und dem Himalaja ist der, dass man im Himalaja größere Risiken eingeht. Einerseits, weil die objektiven Gefahren wie Lawinen und Eisschläge größer sind, andererseits, weil man unter Zeitdruck steht. Wohnt man in der Nähe einer Wand, kann man auf optimale Verhältnisse warten. Im Himalaja ist man für zwei, drei, vielleicht sogar vier Wochen unterwegs und will das Unternehmen in dieser Zeit durchziehen. Ein Druck, der einen dazu verleiten kann, auch bei Verhältnissen einzusteigen, bei welchen man in den Alpen vernünftigerweise nicht losgehen würde. Im Himalaja ist das Gefühl sehr präsent, dass eine Chance gepackt werden muss, weil eine zweite vielleicht nicht mehr kommt. Dieser Umstand, gepaart mit meiner damaligen Unerfahrenheit, hat mich vier meiner Zehen gekostet. Aber dazu später.

Der Zeit- und Erfolgsdruck im Himalaja ist das eine, das andere ist natürlich die Höhe. Die größte Höhe, in der Menschen dauerhaft leben und arbeiten können, liegt auf rund fünftausendfünfhundert Metern. Besonders empfindliche Personen können jedoch, wenn sie zu schnell zu hoch aufsteigen, bereits auf einer Höhe von zweitausendfünfhundert Metern Anzeichen einer Höhenkrankheit aufweisen. Der Grund dafür ist, dass die Sauerstoffkonzentration mit zunehmender Höhe abnimmt. Der prozentuale Anteil des Sauerstoffs in der Luft bleibt gleich, aber der Luftdruck sinkt. Dadurch sinkt auch die Menge des Sauerstoffs pro Einheit Luft. Auf fünftausend Metern beträgt der Luftdruck noch etwa die Hälfte von jenem auf Meereshöhe. Auf dem Mount Everest, also auf 8848 Metern, noch ein Drittel.

Es ist auch für Ueli anstrengender, in Höhen von über sechstausend Metern zu klettern als im Berner Oberland. Aber da er hervorragend trainiert ist und sich gut akklimatisiert, wird die dünnere Luft für ihn einfach zum Bestandteil einer Tour. Er muss zwar mehr atmen und kommt nicht mehr ganz so schnell vorwärts, wie er das in unseren Breitengraden gewohnt ist, aber ernsthafte Probleme hat ihm das bis jetzt noch nicht bereitet. Wie er in einer Höhe von über siebentausend Metern reagiert, wo die Sauerstoffversorgung wirklich kritisch wird, wird sich zeigen. Dass er bis jetzt noch nie so hoch gestiegen ist, beweist seine Professionalität. Er überstürzt nichts, nimmt sich Zeit, seine Fähigkeiten auszubauen. Das extrem schwere Gelände, das er am Cholatse geklettert ist, wäre auf achttausend Metern schon sehr, sehr anspruchsvoll.

Dass es nicht unmöglich ist, wissen wir schon seit fast zwanzig Jahren. 1986 haben die beiden Polen Jerzy Kukuczka und Tadeusz Piotrowski am K2, dem zweithöchsten Berg der Welt – im Alpinstil und ohne viel Ausrüstung –, eine neue Route in der Südwand eröffnet, in welcher es zwischen 8200 und 8300 Metern eine Zone gibt, die äußerst schwierig zu klettern ist. Die beiden brauchten für achtzig Meter sage und schreibe zwei Tage. Piotrowski stürzte beim Abstieg tödlich ab. Kukuczka, ein absoluter Spitzenbergsteiger, starb drei Jahre später am Lhotse.

Die zu überwindenden physischen Schwierigkeiten, ebenso wie die der Psyche, nehmen ab sechstausend Metern graduell zu. Ein perfekt Akklimatisierter bewältigt bis sechstausend Meter noch vieles sehr gut, und es ist für einen Bergsteiger wie Ueli sicher möglich, auch in dieser Höhe im siebten, vielleicht sogar achten Grad zu klettern. Danach wird es immer schwieriger, und ab siebentausend Metern wird praktisch jeder Meter unglaublich viel mühsamer, anstrengender, beschwerlicher. Ab siebentausend Metern erwarten einen Konditionen, die man nicht mehr wirklich trainieren, sondern nur durch Akklimatisation beeinflussen kann.

Bei der Ama Dablam, die 6856 Meter hoch ist, genügte mir eine kurze Akklimatisierung. Zwischen dem Start in Zürich, dem Gipfel und der Landung wieder in Zürich lagen zwölf Tage. Am dreizehnten war ich schon wieder bei der Arbeit. Mit einer guten Grundkonstitution und gutem Training geht das, auch wenn man die Höhe, wie ich, nicht so gut verträgt.

Bevor ich endlich gelernt hatte, auf meinen Körper zu hören und meine Grenzen zu akzeptieren, habe ich mich, weil ich zu schnell zu viel wollte, und vor allem zu hoch hinaus, zwei-, dreimal schier umgebracht. Die letzten zwanzig Jahre kam ich nicht mehr wirklich in Gefahr, außer das eine oder andere Mal durch Steinschlag.

Aber 1983 hätte der Glacier Dome im Annapurna-Massiv gut mein Grab werden können. Die Unbill des Wetters – Dauerregen in den unteren und massive Schneefälle in den höheren Lagen – verunmöglichten eine seriöse Akklimatisation. Als sich das Wetter endlich änderte, war es für das Unternehmen eigentlich zu spät. Meine Freunde und ich gingen trotzdem. Ich war schon ziemlich höhenkrank. Mit heftigsten Kopfschmerzen, hechelndem Atem und schmerzenden Bronchien kroch ich, durch zum Teil hüfthohen Schnee, förmlich auf den Gipfel. Oben angekommen, fühlte ich mich plötzlich wunderbar leicht, das Kopfweh war wie weggeblasen, es ging mir gut. Zu gut. So gut, dass ich meinen Freunden mitteilte, sie sollten doch schon mal absteigen, ich käme in einer Viertelstunde nach, wolle einfach noch etwas sitzen bleiben. Pause machen. Da auch die anderen von der Höhenkrankheit gezeichnet waren, haben sie nicht darauf gepocht, dass ich mitkomme, sondern haben sich gedacht: ›Der Oswald, der weiß schon, was er tut – ist ja schließlich der Älteste.‹ Und sind dann hurtig, hurtig, es war schon vier Uhr nachmittags, abgestiegen.

Ja, und dann war ich solo. Unter größter Willensanstrengung stand ich schließlich wieder auf und trat in den Spuren der anderen langsam den Weg nach unten an. Nicht lange, da begegnete ich einem groß gewachsenen Bergsteiger, der mir in markantem Norddeutsch wärmstens empfahl, die Spuren meiner Freunde doch zu verlassen und geradewegs über die Wand ins Lager hinunterzuklettern, so sei ich viel, viel schneller. Ich befolgte seinen Rat noch so gerne und stieg, in meinem schwer beeinträchtigten Zustand, der sich zu diesem Zeitpunkt vor allem dadurch manifestierte, dass ich fast blind geworden war, in die Wand ein. Der Mann begleitete mich noch ein Stück und verschwand – so plötzlich und leise, wie er gekommen war. Er war nichts als eine verhängnisvolle Halluzination in meinem kranken Hirn.

Irgendwann bin ich ein Stück abgestürzt und blieb, auf immer noch gut sechstausendneunhundert Metern, zwischen riesigen Eismonstern einfach liegen. Es wurde finstere Nacht. Die schlimmste meines Lebens. Ein Albtraum folgte dem anderen, dazwischen empfand ich wahnsinnige Angst. Was mich am Leben hielt, war dieser ebenso unbeschreibliche wie absolute Wille, runterzukommen, wo es endlich, endlich wieder etwas wärmer werden würde.

Als ich zu Bewusstsein kam, war die Sonne längst aufgegangen. Die Schleier vor meinen Augen waren verschwunden, und ich sah den einzig möglichen Weg deutlich vor mir: durch ein Couloir geradewegs runter, in der großen Hoffnung, dort – irgendwie – auf die Spuren meiner Freunde zu treffen.

Die Lawine, die dann kam – sie löste sich mit einem hellen, scharfen Knall –, hatte ich erwartet. Aber lieber starb ich auf diese Weise als sitzend in Schnee und Eis.

Es spülte mich in die Tiefe. Ich schlug auf, immer wieder. Kriegte keine Luft. Es riss, zerrte, stieß an mir. Vollwaschgang. Als ich endlich liegen blieb, gab es keinen Punkt an meinem Körper, der nicht geschmerzt hätte, was gut war, denn das war ein Zeichen dafür, dass ich mir das Rückgrat nicht gebrochen hatte. Ich schaffte es, aufzustehen. Völlig emotionslos taumelte ich weiter. Tiefer, immer tiefer, und hörte schließlich – in weiter Ferne – Stimmen. Die Menschen, zu denen sie gehörten, waren real und meine Freunde.

Soweit ich das kann, würde ich einen guten Teil meiner Touren gern noch einmal erleben. Grundsätzlich bedauere ich nichts, auch wenn es darunter Schindereien gab, die ich nicht unbedingt wiederholen möchte. Was ich nie mehr haben muss, ist dieser Glacier Dome im Himalaja, der mich vier meiner Zehen gekostet hat. Zehen sind – insbesondere beim Klettern – äußerst praktisch. Sie fehlen mir.

Trotz allem: Dass ich aus eigener Erfahrung weiß, wie grauenvoll sich ein Höhen-Hirnödem anfühlt, hat meine Arbeit, die Grundlagen und die Behandlung der Höhenkrankheit zu erforschen, positiv beeinflusst. Es war durchaus von Vorteil, dass ich wusste, wie peinigend die Kopfschmerzen sind, wie stark der Schwindel, wie grässlich der ständige Brechreiz, wie verunsichernd die Gleichgewichtsstörungen. Dazu kommen aufgeschwollene Hände und Füße, verquollene Augen, gepaart mit einer Beeinträchtigung der Sehkraft und Bewusstseinsstörungen, die mit Bewusstlosigkeit enden können. Oder mit dem Tod, wenn der Patient nicht schnellstmöglich in tiefere Lagen kommt und therapiert wird.

Was am Bergsteigen reizt? Die Frage ist nicht zu beantworten. Ich glaube, dass das Leben ohne Schwierigkeiten langweilig ist. Das Leben, so wie wir uns das – in unserer Zivilisation zumindest – eingerichtet haben, ist zeitweise zwar ganz schön stressig. Vor allem dann, wenn wir uns darum bemühen, möglichst viel Geld zu verdienen, um möglichst all das zu kaufen, was wir nicht wirklich benötigen. Aber greifbare Herausforderungen haben wir keine mehr. In einem großen Gebirge ist das anders, dort kehren wir in das Umfeld zurück, in welchem wir unsere Evolution vollzogen haben.

Wir sind nicht dazu geschaffen, in einem Büro vor einem Computerschirm zu sitzen, sondern sind dazu gemacht, zu jagen und zu sammeln und uns unseren Lebensunterhalt hart zu erkämpfen. Die

Urtriebe sind zwar verkümmert, aber sie sind nicht weg. Richtig ist, dass sie in unserer technischen Umwelt nicht nötig sind, ebenso richtig ist, dass manche von uns dieses unmittelbare Leben vermissen. Und deshalb kehren wir im Himalaja oder in den Alpen oder in irgendeiner anderen schwierigen Situation – in der das Überleben nicht garantiert ist – dahin zurück, wo wir uns um nichts anderes als die grundlegendsten Dinge kümmern müssen.

Früher musste der Mensch aufpassen, dass ihn der Bär nicht frisst, im Himalaja müssen wir heute aufpassen, dass uns die Steine nicht erschlagen. Müssen schauen, dass wir nicht zu kalt werden, zu essen und zu trinken haben. Alles andere wird total unwichtig. Und das ist das Befriedigende daran.

Sich in problematischen Umweltverhältnissen behaupten zu müssen entspricht unserem Naturell und unserer evolutionären Herausforderung. Lüftet unser Gehirn durch, macht es frei. Zu sehen, dass wir uns in solcher Umgebung nach wie vor behaupten können, befriedigt uns so, dass wir mit völlig aufgeladenen Batterien zurückkehren und in unserer unnatürlichen Zivilisation wieder voll funktionsfähig sind. Dieser Kick ist logischerweise größer, je größer die Gefahren, je größer die Schwierigkeiten, je größer die Leiden sind. Gerade das Leiden ist ein äußerst produktiver Zustand, weil sich im Leiden viel verändert. Ich kann das gerne am Durst illustrieren. Wissen wir noch, wie es ist, Durst zu haben, wie unglaublich köstlich Wasser schmeckt? Wenn man im Himalaja oder in einer sonnigen Wand in den Alpen viele Stunden klettert und nichts oder zu wenig zu trinken dabeihat, wird man sehr, sehr trocken. So trocken, dass man kaum noch krächzen kann vor lauter Durst. Findet man dann, irgendwo, abgestandenes, lauwarmes Wasser, ist das das Beste, was es auf der Welt gibt. Solche Erfahrungen sind wertvoll. Man wird mit ganz einfachen Dingen wieder zufrieden. Erkennt, wie wenig es braucht, um glücklich zu sein. Wenn man jeden Tag einen guten Bordeaux trinkt, dann schätzt man den mit der Zeit nicht mehr, aber wenn man achtundvierzig Stunden kein Wasser mehr gehabt hat, dann weiß man jeden einzelnen Tropfen davon zu schätzen.

Die beiden Welten, in denen ich mich bewege, ergänzen sich optimal. Beim Bergsteigen kann ich mich von gewissen stressvollen Situationen erholen, denen ich im Spital ausgesetzt bin. Von dieser manchmal enormen Belastung, die daraus resultiert, dass ich viel Schreckliches sehe und oftmals unglaubliche Seelennot mittragen muss. Sobald ich die Hand an den Fels lege, ist das alles weg. Wenn ich einen Tag lang irgendwo am Klettern war, wenn ich mir einen Tag gestohlen habe und einfach verschwunden bin, dann fühle ich mich am nächsten Tag im Spital viel besser. Es geht alles wie von selber. Umgekehrt ist die Angst vor einer schwierigen Wand sofort vergessen, sobald ich aus ihr ausgestiegen bin, und erst recht, wenn ich wieder im Spital bin. Dieser radikale Wechsel tut mir unglaublich gut und macht mich zu einem sehr zufriedenen Menschen.

Der Mount Everest war in meiner alpinistischen Karriere ein absoluter Höhepunkt. Fünfundzwanzig Jahre lang hatte ich mich danach gesehnt. Mit zehn schon las ich, wie Hillary und Tensing auf diesen Gipfel gestiegen sind, und wusste: ›Das ist das Schärfste, was es gibt.‹ Ich wusste aber auch: ›Dort wirst du nie hinkommen.‹ Und siehe da, eines Tages stand ich dann doch oben. Um mich in diesem Moment ganz wahnsinnig zu freuen, war es dann allerdings nicht nur zu hoch, sondern ich auch zu sehr am Limit.

Den ganz großen Flash, den hatte ich auf dem höchsten Punkt der Antarktis, auf dem Vinson-Massiv. Jahrelang hatte ich diesen Gipfel geplant, nie wollte es klappen. Die Logistik war einfach zu schwierig, das ganze Unternehmen viel zu teuer. Und dann, 1986, hat mein Freund Reinhold Messner, nachdem er alle Achttausender gemacht hatte, die Gelegenheit für diesen wunderbaren Berg bekommen und mich eingeladen, ihn zu begleiten. Mit einem winzigen Flugzeug flogen wir mitten in die Antarktis. Die Verhältnisse waren so optimal, dass wir achtundzwanzig Stunden nach der Landung schon oben waren. Auf knapp fünftausend Metern. Es herrschte eine tiefe Ruhe in dieser fantastischen Landschaft, übrigens die schönste, die ich je gesehen habe. Die Gipfel unter mir waren von einer einzigartigen Entrücktheit.

Auf den letzten zehn Metern dieses Vinson-Massivs erwartete

uns ein relativ steiles Eiswändchen, und als ich davorstand, dachte ich ganz bewusst daran, dass ich mich direkt unter diesem Gipfel befand, den ich mir schon so lange sehnlichst gewünscht hatte. Auf den Frontzacken meiner Steigeisen kletterte ich – Schritt für Schritt – weiter, und als ich meinen Eispickel schließlich in den höchsten Punkt des Berges schlug und mich hinaufzog, erfasste mich eine Welle, die sich vom Bauch bis in den Kopf ausdehnte, zurückebbte und wieder und wieder kam. Ein absolutes Glücksgefühl, das gar nicht mehr aufhören wollte. So intensiv, dass es direkt brannte. Eine geradezu orgiastische Empfindung, die man – in dieser Form und vor allem in dieser Dauer – nur dann erleben kann, wenn davor viele Hindernisse zu überwinden gewesen waren. Wenn große Anstrengungen dafür in Kauf genommen werden mussten, man sich nie wirklich sicher sein konnte, dass es eines Tages auch tatsächlich klappen würde. Je länger man darauf warten muss, desto größer ist die Freude.

Nun bin ich ziemlich weit von Ueli abgeschweift. Aber – vielleicht helfen meine Ausführungen, das Tun und Nichtlassen dieses unglaublich netten Menschen – und das meine ich in höchst positivem Sinne – besser zu verstehen. Wobei ich mir sehr bewusst bin, dass Ueli sich in einer Dimension bewegt, in welcher fast nicht zu begreifen ist, um was es wirklich geht.

Absolut absurd ist, dass jemand, der solche Leistungen wie er erbringt, Mühe hat, Sponsoren zu finden, deren Beiträge ihm erlauben würden, sich nur noch auf das Klettern zu konzentrieren. Würde er – wie Alain Robert – Fassaden erklettern, hätte er dieses Problem nicht. Es ist allerdings zu sagen, dass man Reinhold Messner anfänglich auch nur in der Kletterszene kannte. Dass er hervorstechen konnte, hat er – abgesehen von seinem Können – sicher seinem Vermarktungs- und Propagandageschick zu verdanken. Etwas, was Ueli fehlt. Seine bescheidene, freundliche Art lässt ihn oft zurückhaltend sein. Trotzdem oder vielleicht gerade deswegen ist Ueli immer guter Dinge. Man freut sich, ihn zu sehen. Und ob er erzählt oder zuhört – immer liegt hinter seinen Gesichtszügen ein sympathisches Schmunzeln.

Auch dann noch, wenn er mit einem gebrochenen Handgelenk die schwierige Route Nose am El Capitan im Yosemite klettert. Als er Röbi Bösch, Bernhard Russi, Ueli Bühler und mich am Flughafen begrüßte, sagte er kein Wort darüber, dass er, seit er in den Wendenstöcken beim Einrichten einer Route gestürzt war, Schmerzen hatte. Erst später, als wir mitten drin waren in dieser unendlich langen Wand, sagte er, das linke Handgelenk tue ihm manchmal etwas weh. Er beruhigte uns aber sofort damit, dass er es habe röntgen lassen und nichts gebrochen sei. Nur verstaucht.

Wir haben im Yosemite danach noch ein paar andere Touren gemacht, und ich habe ihn immer wieder gefragt, ob es gehe mit seiner Hand. Groß geklagt hat er nie. Erst einen Monat später, als er sagte, es schmerze noch, bat ich ihn, am nächsten Tag im Triemli vorbeizukommen, damit ich seine Hand einem unserer Spezialisten zeigen könne, der was von Knochen verstehe. Dieser sah dann auf dem neuen Röntgenbild, dass Elle und Speiche, gleich bei der Handwurzel, entzwei waren. Ich bin sicher, dass für Ueli die Tatsache, dass er nach der Operation sechzehn Wochen lang nicht klettern durfte, um einiges schlimmer war als die Schmerzen, die er davor erleiden musste.«

Oswald Oelz hat von brennenden Glücksgefühlen, gesprochen, die eintreten, wenn man sich jahrelang auf einen Gipfel gefreut hat und den Pickel dann, eines Tages, in den höchsten Punkt dieses Berges schlägt. Kennst du das?

Bei mir kommen solche Gefühle nie im Moment selber, sondern immer erst im Nachhinein. Dann, wenn ich wieder zu Hause bin und langsam realisiere, dass das, was ich vorhatte, geklappt hat. Dann, wenn der Kaffee am nächsten Morgen besser schmeckt – aber das weißt du ja bereits. Es sind aber nicht brennende, sondern befreiende Gefühle. Als ich den Pickel in den höchsten Punkt des Cholatse schlug, brannte allerdings schon etwas.

Nämlich?

Die Frage, ob er tief genug steckt, ob er mein Gewicht hält.

Wenn nicht?

Ja, dann, dann wäre ich schneller oben angekommen, als mir lieb gewesen wäre.

Also unten?

Unten. Ich wäre liegen geblieben. Irgendwo. Für immer.

Die Nordwand des Cholatse gilt als sehr anspruchsvoll. Sie ist tausendfünfhundert Meter hoch und führt durch senkrechtes Eis. Im Fels gibt es Stellen, die den fünften Schwierigkeitsgrad verlangen, und das in einer Höhe von über sechstausend Metern. Die Erstbegeher dieser Nordwand, Amerikaner, benötigten fünf Tage und stiegen links aus. Als Zweite kamen Franzosen. Sie stiegen rechts aus. Danach – als Dritter – kamst du mit der bis jetzt direktesten Linie. Warum gerade der Cholatse, warum gerade seine Nordwand?

Ich habe den Berg gesehen, als ich mit Romolo an der Ama Dablam war, und er hat mir gefallen. Nachdem Nicole gegangen und das Basislager eingerichtet war, begann ich zu organisieren. Am 12. April 2005 brachte ich alles, was ich dabeihaben wollte, an den Wandfuß. Am nächsten Tag machte ich Pause. Am übernächsten stieg ich ein.

Was macht man im Himalaja, wenn man einen Tag Pause macht?

Man ruht aus. Man schläft. Man isst. Spaziert ein wenig. Und trinkt am Abend einen Schluck Whisky.

Oder zwei?

Keine Expedition ohne Whisky! Ein wunderbares Schlafmittel übrigens, das man in diesen Höhen gut gebrauchen kann.

Gelesen hast du nicht?

Ich habe Asterix-Hefte mitgenommen, weil ich schon wusste, dass die Konzentration für mehr, als Bildchen anzuschauen, nicht reichen würde. Meine Gedanken waren völlig von anderem absorbiert.

Wovon?

Von allem. Davon, ob ich acht oder zehn Haken, drei oder vier Eisschrauben, zwei oder vier Energieriegel mitnehmen soll. Davon, wie viel Meter Seil ich mitschleppen soll. Davon, ob ich tatsächlich biwakieren muss oder nicht. Ob ich den Schlafsack, den ich – wie vieles andere auch, schon am Wandfuß hatte – tatsächlich brauchen würde.

Warum dieses Hin und Her – du hattest, wie du gerade eben gesagt hast, ja schon alles am Wandfuß. Was musstest du da noch entscheiden?

Bevor ich nicht eingestiegen war, konnte ich sehr wohl noch bestimmen, was ich mitnahm und was nicht.

Und – nahmst du deinen Schlafsack mit?

Yes.

Und sonst?

Nach langem Hin und Her nahm ich nicht acht, sondern zehn Haken, vier Eisschrauben und fünfzig Meter Seil mit. Und keinen Biwaksack, weil mein Schlafsack eine wasserdichte Hülle hatte. Dafür zwei Instant-Cappuccinos und vier Energieriegel.

Nur vier Riegel? Und mit wie vielen Tagen hast du gerechnet?

Ich hoffte, mit einem, höchstens zwei Biwaks durchzukommen.

Also je einen Riegel zum Frühstück und je einen zum Abendessen. Und dazwischen körperliche Höchstleistung. Großartig!

Ich hatte viel gegessen in den Wochen zuvor und entschied, dass ein bisschen abspecken nicht schaden konnte. Im Übrigen nahm ich noch hundert Gramm Spaghetti mit.

Und wie hast du die gekocht?

Es waren gefriergetrocknete Spaghetti – eine Supersache. Mit dem Kocher heißes Wasser machen, in den Beutel gießen, zehn Minuten warten, essen. Und das alles vom Bett aus. Nein, ehrlich, die sind wirklich klasse.

Vom Bett aus? Du meinst, im Schlafsack.

Die Spaghetti gibt es mit Sauce Bolognese oder al Napoli, was du willst. Gefriergetrocknetes, das ist ein richtiger Wirtschaftszweig. Vom schmackhaften Jägertopf über delikaten Curryreis bis hin zu feinster Mousse au Chocolat alles. Schmeckt vorzüglich.

Mousse au Chocolat, mit heißem Wasser angerührt? Na dann, guten Appetit.

Mit kaltem! Und dann gibt es – das hätte ich jetzt fast vergessen – die beste Orangencreme, die ich je gegessen habe. Ich lös dir mal eine auf! Ist zwar sauteuer, aber was soll's.

Und so eine Creme hattest du neben deinen Spaghetti auch noch dabei?

Nein, nein. In dieser Höhe, bei dieser Schwierigkeit können ein paar Gramm zu viel über Erfolg oder Misserfolg entscheiden.

Und was hast du zum Trinken mitgenommen?

Ich habe Unmengen von Schnee geschmolzen.

Und dir das Wasser danach durch die Rippen geschwitzt?

Das geht viel einfacher. Hosen und Unterwäsche haben vom Bauchnabel bis zum unteren Rücken einen sehr nützlichen Reißverschluss. Bei uns Männern geht das in jeder Lage und in jeder Position.

Vorteil!

Großer Vorteil!

Zurück zum Wandfuß – hast du das, was du nicht mitgenommen hast, einfach liegen lassen?

Nein, ich wusste bereits, dass ich zu viel hingeschleppt hatte, und ließ mich von Dendi, meinem Sherpa, begleiten, der den Rest zurück ins Lager brachte.

Und dann stiegest du also ein.

Das war ein absolut befreiender Moment.

Weil du dann in Sachen Ausrüstung nichts mehr entscheiden musstest?

Mehr noch, weil ganz einfach alles, alles entschieden war. Du machst dir keine Vorstellung, was in den frühen Morgenstunden im Schlafsack abgeht: Bleib ich nicht doch vielleicht einfach liegen – es ist so schön warm hier! Hält das Wetter, wie angenommen, tatsächlich oder eher nicht? Soll ich nicht besser noch einmal einen Tag Pause einlegen?

Bleiben! Heute Abend einen Kaffee trinken! Warum nicht auf Romolo warten?

Romolo hat dich beim Khumbu-Express begleitet?

Das ließ er sich nicht nehmen. Aber ich erwartete ihn erst in ein paar Tagen.

Und warum hast du nicht gewartet, bis er kam – das wäre doch sicher ein gutes Gefühl gewesen, ihn im Basislager zu wissen?

Das Wetter war schön, ich war ungeduldig. Schließlich stand ich – hü und hopp – doch noch auf, zog mich an, weckte Dendi. Als wir losgingen, war es bereits kurz nach fünf. Es wurde langsam hell.

Wie lange hattet ihr bis an den Wandfuß?

Neunzig Minuten, etwa. Neunzig Minuten mal sechzig Sekunden, und in jeder Sekunde sich jagende Gedanken des Zweifels.

Das hört nicht auf?

Nein, das hört nicht auf. Jeder einzelne von ihnen will dich von deinem Vorhaben abbringen. So intensiv hatte ich das zuvor noch nie gespürt, dass der Mensch ein Fluchttier ist. Und dann – sobald ich kletterte – war die Ungewissheit fort. Es war extrem schön. Ich realisierte, dass ich an dem Ort war, von dem ich so lange geträumt hatte, und war mir plötzlich ganz sicher, dass das Wetter gut bleiben würde. Ich hielt einen Moment inne. Die Gedanken, die zuvor gerast waren, wurden von einem befriedigenden Gefühl der Freude abgelöst. Ich wusste, ich komme auf den Gipfel. Die Schönheit des Morgens nahm mir den Atem. Die Luft, von winzigen Eiskristallen durchsetzt, war über dem weißen Schnee von einem zarten Blau.

Jetzt wirst du ja noch lyrisch!

Das gefällt dir doch, oder? Nein, ehrlich, es war schon ein prachtvoller Morgen. Nach etwa dreihundert Metern musste ich mich dann allerdings noch mal richtig zusammenreißen.

Weil es schwierig wurde?

Nein, es war so: Ein Eispickel besteht aus zwei Teilen. Dem Schaft und der Pickelhaue, und die kann man, wenn sie stumpf wird, vom Schaft lösen und schleifen oder, wenn sie ganz verbraucht ist, ersetzen. Die Schraube, die beide Teile verbindet, kann sich mit der Zeit lösen. Um sie wieder anzuziehen, gibt es einen Schlüssel. So weit, so gut.
Die Schraube löste sich. Und dies bereits nach dreihundert Metern. Ein Mist. Kann passieren. Ich stieg weiter, bis ich einen Platz fand, wo ich sie anziehen konnte. Packte den Schlüssel aus und – verlor ihn! Er flog. In diesem Moment dachte ich kurz daran, abzubrechen. Dieser Vorfall wäre durchaus ein guter Grund dafür gewesen. Aber auch eine billige Ausrede. Im Moment zwar einfacher, aber im Nachhinein nicht mehr. Das war mir in diesem Moment sehr bewusst. Ich hätte den ganzen Konflikt noch einmal durchstehen müssen. Noch einmal in aller Frühe aufstehen, noch einmal Zeit haben, alles zu hinterfragen, noch einmal entscheiden, ob ich genug oder zu wenig dabeihabe. Schlafsack ja oder nein? Noch einmal an den Wandfuß gehen! Noch einmal einsteigen! Ich zog die Schraube von Hand nach und ging weiter. Natürlich löste sie sich schon bald

wieder. Ich zog sie wieder an. Sie löste sich. Ich zog sie an. Sie löste sich. Sie beschäftigte mich. Wieder und wieder.

Und wenn du den Moment des Anziehens verpasst hättest und die Haue vom Schaft geflogen wäre?

Ja, dann wäre die Haue vom Schaft geflogen. Ich kletterte also weiter. Dort, wo der Fels trocken war, kam ich gut voran. Und schnell. Dort, wo er – was leider oft der Fall war – von unangenehm dünnem Eis überzogen war, nur langsam, weil ich mich sichern musste.

Mit Bohrhaken?

Ich hatte Normalhaken dabei. Schlug sie in Risse und Löcher, und wenn das Seil aus war, richtete ich mit zwei Haken, die ich mit einer Schlinge verband, einen Stand ein. Seilte ab, nahm auf dem Weg nach unten die eingeschlagenen Haken raus, schulterte den Rucksack, stieg in die Steigklemmen und jümarte nach oben. Die wirklich guten Momente waren die, in denen ich mich nicht sichern musste. Ich kam doppelt so schnell vorwärts, hatte, weil ich ständig in Bewegung war, immer schön warm, wurde weniger müde und war total auf den Augenblick konzentriert.

Und der Weg? Hattest du im Gespür, wo es durchgeht?

Ich hatte die Wand mit dem Fernglas eingehend studiert und ein Foto von ihr mitgenommen, so konnte ich mich einigermaßen orientieren. Aber manchmal verließ ich mich tatsächlich auf meine Intuition – nur kann das auch danebengehen. Was einfach aussieht, kann schwierig enden. Und dann muss man mühsam zurückklettern oder sich abseilen.

Zurück auf Feld eins?

Spiel des Lebens! Der Weg, der zu Beginn schwieriger aussieht, ist – im Nachhinein gesehen – oft der einfachere.

Nun, der Weg, den du gewählt hast, ist sicher nicht der einfachste.

Am Cholatse verbrachte ich die ganze Nacht damit, mir genau das

nicht einzureden. Ich hatte mir eine Schneehöhle gegraben, breitete meinen Schlafsack aus, stieg mit Schuhen und allem hinein, und dann, dann war ich wirklich allein. Kinder müssen dieses Gefühl gut kennen – es ist nicht umsonst, dass es Teddys gibt. Es wurde eine äußerst dunkle Nacht. Schwarz. Weit, weit über mir die Sterne. Da wurde mir sehr bewusst, wo ich war, und vor allem, wie klein ich bin. Winzig. Extrem ausgesetzt.
Da ist überhaupt nichts Gemütliches dabei. Das sind strenge Momente. Und eiskalte. Klettern ist viel einfacher, da hast du null Zeit, irgendetwas zu hinterfragen. Im Biwak hast du massenhaft davon. Ich setzte alles daran, meine Gedanken unter Kontrolle zu bringen, sie nicht flattern zu lassen. Wenn die Psyche aussetzt, bist du verloren. Du musst ihr ein Ventil geben. Bei Excalibur wusste ich, was mich erwartete und dass ich spätestens nach zwei Stunden wieder draußen sein würde. Hier stand ich vor dem absolut Ungewissen. Alles, was ich wirklich wusste, war, nach unten ist unmöglich. Also beruhigte ich mich damit, dass ich in einem einzigen Tag auf sechstausend Meter gekommen war. Und nur noch vierhundert vor mir lagen, dass ich, auch wenn ich jeden einzelnen dieser verbleibenden Meter gesichert gehen müsste, es schaffen würde. Langsam halt. Aber sicher! Und auch wenn ich dafür noch volle zwei Tage brauchen würde, wäre das immer noch eine super Leistung. Alles im grünen Bereich! Irgendwann beruhigte ich mich. Glaubte mir selbst, dass alles gut ausgehen würde … He! Du stellst ja gar keine Fragen mehr.

Muss ich ja auch nicht – du erzählst inzwischen ja wie von allein. Brauchst du eine Frage?

Nein, geht schon. Ich ging um sechs los, sicherte die erste Seillänge, so wie ich mir das versprochen hatte, und stieg dann ohne Sicherung weiter. Um ehrlich zu sein, nicht, weil ich unbedingt wollte, sondern weil ich oft ganz einfach gar nicht sichern konnte. Es war ein ziemlich böses Erwachen, denn ich kam in eine Zone, die aus gepresstem Schnee bestand, ein Phänomen, das im Himalaja oft anzutreffen ist und über Gipfelerfolg oder Rückzug entscheidet.

Aber umkehren ging nicht?

Nein, ich musste da durch. Irgendwie klebte ich in dieser Wand und wusste nie, wie lange ich das noch durchhalten konnte. Ziemlich nervenaufreibend. Es war alles andere als toll.

Und wie steil?

Steil! Extrem steil. Ich stand tatsächlich vor dieser viel zitierten berühmten Wand.

Und sichern ging nicht?

Ging nicht. Ich wusste, rutscht der Fuß, dann bricht der ganze Pressschnee weg, und ich stürze mit ihm in die Tiefe.

Und extrem steil heißt, es war senkrecht?

Manchmal schon. Manchmal auch etwas weniger. Und manchmal, manchmal war es überhängend.

Hast du dir – wie bei Excalibur – zugesehen in dieser Situation?

Schon, aber weniger intensiv. Logisch, ich konnte mich ja nicht so toll darauf verlassen, dass »er« es richtig macht. Es war mehr ein Hoffen, dass es gut geht, als Gewissheit.

Hast du runtergeschaut?

Nein – es gab auch hier nur den einen Weg. In solchen Situationen musst du dich auf das konzentrieren, was jetzt gerade ist, der kleinste Fehler, und du bist tot. Solange der Fuß hält, ist alles gut. Ich nahm mir jeweils viel Zeit, schlug die Steigeisen wieder und wieder ein, bis ich mich darauf verlassen konnte, dass die Zacken sicher steckten.
Als ich den Pressschnee endlich hinter mir hatte, warteten noch eine Seillänge ziemlich brüchiger Fels und ein überhängender Eiswulst auf mich, danach konnte ich endlich, endlich, auf den linken Grat aussteigen. Zwar nicht direkt unter dem Gipfel, aber die fünfzig Höhenmeter, die mich noch von ihm trennten, waren nach al-

lem, was ich hinter mir hatte, ein Klacks. Ich freute mich schon, auf diesem Grat einfach auf den Gipfel zuzugehen – es sollte anders kommen. Er war von Wächten durchzogen, überall ragten Schneewülste und so genannte Champignons auf. Dazwischen riesige vergletscherte Schrunden. Wo ich konnte, wich ich nach links oder rechts aus, je nachdem. War Ausweichen nicht möglich, setzte ich mich rittlings auf den Grat und arbeitete mich zentimeterweise vor. Alles andere als elegant, das kann ich dir sagen. Ich wusste sehr genau, bricht's, dann gehe ich mit dem ganzen Plunder das Loch hinunter.

Warum sagtest du dir nicht, ich bin fast oben, es reicht jetzt?

Weil es nur diesen Weg über den Gipfel gab. Und das meine ich jetzt nicht im übertragenen Sinne. Es gab tatsächlich keinen Not-, nur noch den Hauptausgang. Nur über den Gipfel konnte ich die Normalroute erreichen, auf der ich später abstieg. Eigentlich wollte ich ja über den Westgrat ins Basislager absteigen, weil das viel schneller gewesen wäre, aber das war mir dann, nach allem, was ich schon hinter mir hatte, zu gefährlich.

Moment, Moment, wir sind noch nicht beim Abstieg! Du warst also auf diesem Grat und wusstest, wenn ich das richtig verstanden habe, nicht, wie weiter. Nochmals: Hättest du nicht – irgendwie – doch zurückgekonnt?

Ich überlegte mir, ehrlich gesagt, schon, ob ich irgendwie abseilen könnte, ein Stück weit wäre das wohl auch gelungen, aber danach hätte ich endgültig in der Bredouille gehockt. Rauf ging es. Rauf geht immer. Auch wenn das Rauf auf diesem Grat hundertfünfzig Meter Hölle war.

Wieso hundertfünfzig? Du hast eben gesagt, du seiest fünfzig Meter unter dem Gipfel ausgestiegen.

Fünfzig Höhenmeter!

Kam die Angst?

Um Angst zu kriegen, war ich viel zu beschäftigt, aber ich erkannte schon, dass es keine allzu optimale Situation war, in der ich mich befand. Und – zugegeben, es gab da diesen Gedanken – hoffentlich fehlst du nicht.

Fehlst du nicht?

Wenn du nicht zurückkommst, dann fehlst du. Aber es ging. Wenn es gehen muss, dann geht es.

Nun, da gibt es haufenweise andere Geschichten, bei denen es nicht ging, obwohl es hätte gehen müssen.

Ich war mit dem Überleben beschäftigt, das reichte vollauf. Das war hoffentlich das letzte Mal in meinem Leben, dass ich für die Distanz von hundertfünfzig Metern volle vier Stunden benötigte.

Hast du in dieser Zeit nie daran gedacht, dich einfach hinzusetzen, dich nicht mehr zu rühren, nur noch zu weinen?

Das habe ich schon gewollt, glaub mir, das hätte ich gern gemacht – aber was hätte das an der Situation geändert? Aufgeben ging nicht. Aufgeben hätte das Ende bedeutet.

Beugt man sich in einem solchen Moment vor dem Berg, oder flucht man über ihn?

In erster Linie bist du einfach froh, dass nichts passiert ist. Eben – ich stieg dann über die Normalroute ab.

Nachdem der Pickel dein Gewicht gehalten hat, den du im obersten Punkt eingeschlagen hattest?

Das war der schlimmste Moment der ganzen zwei Tage, glaub mir. Ich hatte keine andere Wahl, ich musste mich einfach darauf verlassen, dass ich ihn tief genug geschlagen hatte und dass der Schnee hält. Aber lass jetzt gut sein.

Und dann, als du oben warst? Hingen dort, wie beispielsweise auf dem Mount Everest, diese tibetischen Gebetsfahnen?

Nein.

Hättest du Lust gehabt, eine aufzuhängen?

Ich hatte eh keine dabei; ich habe dir doch gesagt, dass jedes Gramm zählt. Ich ging noch ein paar Schritte, ließ mich dann auf die Knie nieder, atmete durch und glaube jetzt, wo ich dir von diesem Moment so intensiv erzählt habe, mich daran zu erinnern, dass ich lächelte.
Was ich noch gut weiß, ist, dass ich das Funkgerät hervorholte und Dendi zu erreichen versuchte. Ich glaube, er freute sich mehr, meine Stimme zu hören, als ich mich freute, seine zu vernehmen. Vor lauter »How are you? How are you?« kam ich kaum zum Reden. Und als ich redete, das realisierte ich sofort, verstand er mich nicht. Dabei hätte es nur ein Wort zu verstehen gegeben.

Welches?

Normalroute! Ich wollte ihm sagen, dass ich auf der Normalroute absteigen würde und nicht über den Westgrat, was eben auch eine Option gewesen wäre. Ich bat ihn, mir doch entgegenzukommen, was viele Stunden bedeutete, weil dazwischen der Chola-Pass liegt. Weiter bat ich ihn, mir doch etwas zu essen mitzubringen. Aber – eben – leider verstand er mich nicht. Ich verabschiedete mich, knurrte einen Fluch und begann den Abstieg. Im aufziehenden Nebel verirrte ich mich ins falsche Couloir, was dann zum Abseilen schwierig wurde.

Warum?

Weil es dort keine eingerichteten Standplätze gab. Ich hätte noch ein bisschen mehr nach links gehen müssen. Als ich das realisierte, war es zu spät. Mein Material, die sieben Haken und drei Eisschrauben – den Rest hatte ich unterwegs verloren –, musste also zum Abseilen reichen. Unten, das wusste ich, erwartete mich ein flacher – flacher! – Gletscher. Es war inzwischen Nacht geworden; hätte ich irgendwo biwakieren können, hätte ich das gemacht. Aber in diesem Couloir gab es dazu nicht den Hauch einer Chance. Als ich nur noch einen Haken hatte, wurde ich schon etwas nervös. Ich schlug ihn ein, zog das Seil durch, seilte ab und kam mit dem allerletzten Meter auf dem Gletscher zu stehen. Später haben mir die Slowenen, die den Cholatse über die Nordostwand geklettert sind, im Basislager gesagt, ihnen sei derselbe Fehler unterlaufen, auch sie seien zu wenig nach links gegangen und im falschen Couloir gelandet. In meinem.

Warum wussten sie das?

Weil sie auf die von mir eingerichteten Stände gestoßen waren.

Habt ihr darüber gesprochen, wie grauenvoll der Grat war, oder waren die gar nicht oben?

Doch, doch, wir haben darüber gesprochen. Der Grat hatte sie zwei Tage gekostet.

Sie zwei Tage und dich vier Stunden? Das sind ja wahnsinnige Dimensionen!

Das kannst du nicht vergleichen. Die stiegen woanders auf den Grat und mussten eine ganz andere Strecke zurücklegen als ich.

Trotzdem – was haben sie zu deiner Leistung gesagt? Haben sie dir auf die Schulter geklopft? Haben sie sich für dich gefreut?

Schon.

Gratulierten sie dir?

Ja.

Verstockt! Manchmal bist du richtiggehend verstockt.

Was soll ich dir sagen, sie fanden schon, ich sei ein verrückter Hund.

Du kamst also mit dem letzten Meter auf den Boden. Was hättest du gemacht, wenn das Seil nicht gereicht hätte?

Plan B! Darüber müssen wir uns jetzt allerdings nicht aufhalten, weil Plan A ja funktioniert hatte. Ich zog das Seil ab, schmiss alles hin – musste nichts anbinden, es war flach! –, legte den Schlafsack aus und mich, breit wie eine Flunder, hinein.

Kein Nachtessen?

Den einen Riegel, den ich noch hatte, bewahrte ich für das Frühstück auf. Am Morgen gab's zudem den letzten Cappuccino und zum Dessert den langen Weg über den Chola-Pass, der mich vom Basislager trennte. Als ich endlich auf der Trekkingroute war – ich war so ausgepowert, dass ich wie eine Schnecke vorankam –, traf ich zwei Wanderer, fragte, ob sie für mich vielleicht etwas zu essen übrig hätten. Sie hatten nichts dabei. Der nächste gab mir einen Schokoriegel, der so grässlich schmeckte, dass ich mich beinahe übergeben musste, danach bat ich keinen mehr um etwas zu essen. Speck wäre das Richtige gewesen.

Besser als Gefriergetrocknetes?

Speck ist ein perfekter Energiespender – bei der Ama Dablam hatte ich dann welchen dabei.

Und Dendi – hast du ihm nochmals gefunkt?

Nein, ich hatte keinen Funkkontakt mehr. Später erfuhr ich, dass er um den ganzen Berg herumgegangen war, um mich zu suchen. Das hat mich ehrlich gefreut. Etwa eine Stunde vor dem Basislager kam er mir entgegen. Es wurde schon wieder Abend. Langsam.

Was hat er gesagt, als er dich sah?

Er hat sich über alle Maßen gefreut, wir haben uns umarmt. Er nahm mir den Rucksack ab und ging – als ich kurz darauf von Koreanern zum Tee eingeladen wurde – schon voraus.

Du wurdest zum Tee eingeladen? Einfach so?

Stell dir die Kleine Scheidegg und die Eiger-Nordwand vor. Die Koreaner saßen vor ihrer Unterkunft, so gemütlich wie auf der Kleinen Scheidegg. Sie hatten mich die ganze Zeit mit dem Feldste-

cher beobachtet. Und als ich an ihnen vorbeikam, sprangen sie auf mich zu, gratulierten, hatten eine riesige Freude. Der Tee, den sie mir offerierten, war der beste, den ich je getrunken habe. Ich sage jetzt nicht, ich könnte seinetwegen auf Kaffee verzichten, aber er war wirklich superfein. Mit Nüssen drin und so.
Sie boten mir auch etwas zu essen an, aber ich verspürte keinen Hunger mehr. Der Hunger kam erst später im Basislager, gegen drei Uhr morgens, und zwar so stark, dass ich davon wach wurde. Ich stand auf und ging ins Küchenzelt. Keine Sekunde später stand Dendi da, brutzelte, kochte, freute sich königlich über meinen offensichtlichen Kohldampf und zauberte eine Flasche Reisschnaps hervor. Wir redeten, wir lachten, wir prosteten uns zu. Die nächsten Stunden wurden recht angenehm.

Und der nächste Tag?

Nicht sehr. Allerdings nicht wegen meinem Kater.

Holte dich der Gedanke an den Tod ein, wie du schon einmal angetönt hast?

Ich war einfach extrem kaputt, hatte die Gewissheit, etwas für mich ganz Tolles hinter mir zu haben, und konnte mir gut vorstellen, keine weiteren Abenteuer mehr zu starten, sondern nach Hause zu gehen. Zum Glück hat mich in dem Moment keiner gefragt, ob ich das wolle. Vielleicht wäre ich gegangen.

Wärst du nicht.

Wieder so ein Konflikt, der uns durchs Leben begleitet. Es gibt Momente, in denen wir guten Grund hätten, die Hände in den Schoß zu legen, aber kommen wir so weiter? Ausruhen ist eine gute Sache. Aber bringen tut es nichts. Manchmal muss man sich überwinden.
Es war durchaus ein Kraftakt, nicht aufzugeben und noch auf den Tawoche zu steigen, die Ama Dablam zu versuchen. Gut war, dass wir schon bald damit begannen, das Lager am Cholatse abzubrechen; es half, die Leere, die ich empfand, aufzufüllen.

Später, als ich wieder zu Hause, in der Zivilisation war, holte mich diese Leere noch mal ein. Diesmal in Form einer unglaublich tiefen Einsamkeit, tiefer noch als in den Biwaks, die ich hinter mir hatte. Das hatte nichts mit Nicole oder meinen Brüdern, meinen Eltern oder Freunden zu tun; sie waren alle da, freuten sich, dass ich gesund zurück war. Es war etwas anderes, eine – wenn man dem so sagen kann – universelle Einsamkeit. Oder, anders gesagt, die tiefe Erkenntnis, dass wir, zu guter Letzt, alleine sind. Am Ende machst du den Schritt, weg von hier, mutterseelenallein. Da hilft dir keiner.

Und wie fandest du aus diesem Loch wieder heraus?

Zu Hause, indem ich klettern, joggen, bouldern ging. Mich unter Menschen zu begeben, zu lachen, tat gut. Im Basislager aber, wie gesagt, indem ich dabei half, alles zusammenzupacken.

War Romolo inzwischen angekommen?

Nein, wir stiegen nach Lobuche ab und warteten dort auf ihn. Er kam drei Tage später.

Und hat noch nicht gewusst, dass du oben warst?

Da kennst du die Nepalesen aber schlecht – das ging wie ein Lauffeuer! Romolo hat schon kurz nach der Landung in Kathmandu davon erfahren, dass es da einen Verrückten gebe, der in zwei Tagen auf den Cholatse gestiegen sei. Das »Solo« haben sie dabei extrem betont, wie er mir sagte.

Und als er kam – wie hast du ihm von deinem Grenzgang erzählt?

Ich hab einfach erzählt.

Will heißen, du hast gesagt: »Romolo, ich war oben, es war gut, und jetzt freue ich mich auf den Tawoche.«

So ungefähr. Wie nah ich an meine Grenze gekommen war, das sagte ich ihm nicht. Warum auch? Es war erledigt. Abgehakt. Man muss da ganz vorsichtig sein. Das kann ganz schnell ins Heroische kippen und grässlich selbstdarstellerisch werden. Oder magst du so supercoole Erlebnisberichte wie: »Jetzt hört mal alle her, ich erzähl euch, was ich in der letzten Woche so alles überlebt habe.« Schrecklich, oder?

Aber du hast dein Leben aufs Spiel gesetzt.

He, he, ich habe mein Leben nicht aufs Spiel gesetzt. Glaub mir, hätte ich gewusst, wie es auf dem Grat des Cholatse aussieht, wäre ich nicht gegangen.

Ehrlich?

Darüber könnten wir jetzt lange philosophieren, aber das gibt eine Endlosschleife!

Die Frage nach dem Warum, die bleibt.

Das sagst du? Denk an Dr. Fink und schau mir auf die Finger. Oder denk an die Ausführungen von Oswald Oelz!

Schlüssig, glaube ich, kann die Frage nach dem Warum nie beantwortet werden. Die Journalistin Christine Kopp hat es aus einer eher weiblichen Sicht versucht. Sie spricht dabei von der »Brüchigkeit des Lebens«. »Warum«, schrieb sie am 14. Juli 2005 in der »Neuen Zürcher Zeitung« anlässlich deines Khumbu-Expresses, »warum, so fragt sich ein Außenstehender immer wieder, manchmal wütend, manchmal verwirrt, müssen Extreme ständig wieder Erfahrungen an der scharfen Grenzlinie zwischen Leben und Tod machen? Was ist es, was einen Extrembergsteiger dazu bringt, sein ganzes Leben immer wieder einer einzigen Tour unterzuordnen und sich selbst einem so großen Risiko zu exponieren? Die Antwort ist einfach und doch für viele schwer nachzuvollziehen: Der Alltag reicht diesen wilden Menschen nicht aus. Erst im Bewusstsein der Brüchigkeit des Lebens empfinden sie dieses Gefühl unübertreffbaren Lebendigseins, das sie immer wieder suchen. Eine Wachheit begleitet sie bei diesen Schritten, die das Lebensgefühl ungeahnt intensiv werden lässt.« Hat sie es auf den Punkt gebracht?

Aus weiblicher Sicht bestimmt. Und jetzt lass mich noch schnell vom Tawoche erzählen.

Schnell? Das geht ja wohl nicht schnell.

O doch, so schnell, wie ich oben war, so schnell kann ich dir das erzählen. Es ist ein sehr einsamer Berg. Vor mir stand sieben Jahre lang niemand auf seinem Haupt, und das machte ihn für mich schon sehr – um dieses schöne Wort wieder einmal zu gebrauchen – mystisch.

Sieben Jahre lang? Warum?

Vielleicht hat man ihn einfach vergessen.

Dornröschenschlaf?

Willst du mich als heldenhaften Prinzen zeichnen, der sich durch Dornengestrüpp geschlagen hat? Falsch! Total falsch. Ich habe aufs Dornengestrüpp verzichtet. Denn die Ostwand – und durch die wollte ich ursprünglich steigen – erwies sich als viel zu gefährlich. Ich bin zwar eingestiegen, bin auch ein paar Seillängen geklettert. Aber die Temperaturen waren zu hoch, der Fels sehr brüchig, und es hatte viel, viel Schnee. Nicht lange, da kam mir – ich übertreibe jetzt mal ein bisschen – der halbe Berg entgegen. Mit Donnergetöse. Stein, Eis, Schnee, Lawinen: Der Berg gab alles, und das nicht nachmittags um zwei, sondern bereits morgens um sieben! Ein untrügliches Zeichen dafür, dass ich abzubrechen hatte. Ich überlegte noch, ob ich Material oben lassen und später abermals einsteigen sollte, aber ich erkannte, dass ich zur falschen Zeit am falschen Ort war. Im Frühling war diese Wand ganz offensichtlich nicht zu klettern. Hatte auch noch nie zuvor jemand getan. Bis dahin war sie nur einmal begangen worden. Im Winter. Es war nicht Angst, die mich von der Ostwand abhielt, es war die absolute Gewissheit, dass ich sie nicht überleben würde. Ich habe dann weiter links eine einfachere Linie gefunden.

Und bist dort eingestiegen?

Langsam, langsam! So schnell ging es dann doch wieder nicht. Meine Geduld wurde auf eine harte Probe gestellt. Das Wetter spielte nicht mehr mit. Die Nächte waren verhangen, die Morgen jeweils mehr oder weniger klar, und sobald es Nachmittag wurde, kamen neue Wolken auf, und es begann zu schneien. Tagelang. Es war wirklich zum Verrücktwerden. Jeden Abend um fünf ging ich schlafen, stellte den Wecker auf eine halbe Stunde vor Mitternacht. Mein Plan war folgender: Sobald die Nacht klar war, losgehen, möglichst schnell auf den Gipfel und rasch wieder runter. Ich musste spätestens um acht, allerspätestens um neun wieder zurück im Basislager sein. Denn wenn die Sonne um halb neun in die Wand scheint, wird es zum Absteigen so gefährlich, dass ich hätte oben bleiben müssen, bis es wieder Nacht und damit kalt geworden wäre. Oben bleiben hätte aber auch geheißen – ich kannte das Wetter inzwischen gut –, mit Schnee rechnen zu müssen. Und Schnee hätte Lawinen bedeutet. Ich konnte es drehen und wenden, wie ich wollte. Es gab nur eine Chance, und die hieß Tempo.

Um Mitternacht los, um acht oder neun wieder zurück? Und dazwischen – wie viele Höhenmeter?

Etwa tausendfünfhundert. Vier Nächte hintereinander schälte ich mich vor Mitternacht aus dem Schlafsack, zog den Reißverschluss des Zeltes auf und schaute mir den Himmel an. Was ich sah, gefiel mir nicht. Schnee, immer fiel Schnee. Kein Stern. Bedeckter Himmel. Also verkroch ich mich wieder. Irgendwann wurde es dann sehr mühsam, musste ich achtgeben, mich nicht demotivieren zu lassen. Dann, in der fünften Nacht, spürte ich – noch im Schlafsack –, dass etwas anders war. Kälter! Es war kälter. Das konnte nur bedeuten, dass es klaren Himmel gab. Ich war viel schneller draußen als die Nächte zuvor, und siehe da – ein Himmel, so sternenklar, dass es mir den Atem raubte. Ein paar wenige Wölkchen nur, tipptopp, jetzt konnte ich gehen. Ich ging.

Ohne die anderen darüber zu informieren?

Wir hatten abgemacht, dass ich Romolo ans Zelt klopfe, aber ich glaube, er hat es nicht gehört.

Ans Zelt klopfen? Wie klopft man ans Zelt?

Leise, damit der andere nicht aufwacht. Ich nahm also mein Bündel mit, nur das Allernötigste …

Keinen Schlafsack?

Nein, keinen Schlafsack.

Und wenn du doch hättest oben bleiben müssen?

Ja, dann, dann hätte ich wohl etwas gefroren.

Also, das Nötigste, wie immer.

Zu viel Ballast, zu viel Sorgen!

Stimmt, manchmal hindert uns all das, was wir mit uns rumschleppen tatsächlich daran, weiterzukommen. Also, du bist gegangen. Einmal mehr ohne Schlafsack! Und das bei, lass mich raten: minus zwanzig Grad?

Nicht schlecht. In dieser Nacht war es allerdings – weil es klar war – noch ein bisschen kälter. Das sind unglaubliche Temperaturunterschiede, denen man im Himalaja ausgesetzt ist. Wenn die Sonne scheint, wird es plus, und wenn du dann kletterst, geht es nicht lange, und du tropfst.

Weil alles schmilzt?

Nein, weil du so sehr ins Schwitzen kommst! Ich ging also los und war viereinhalb Stunden später oben auf dem Gipfel. Als Romolo mich über Funk suchte – ja, ich hatte ein Funkgerät dabei –, war ich längst auf dem Abstieg.

Nicht so schnell! Zuerst musstest du ja rauf – wie kamst du vorwärts, was stellten sich dir für Probleme in den Weg, hattest du …

Es gibt nicht viel mehr zu erzählen. Es ging alles gut, ich war schnell.

Sehr schnell!

Schnell genug. Kommt dazu, dass der Tawoche – verglichen mit dem Cholatse – schon fast gemütlich war. Natürlich war es ein großartiges Erlebnis, auf dem Gipfel zu stehen, dort, wo sieben Jahre lang keiner mehr gestanden hatte. Ich habe diesen Moment sehr bewusst in mich aufgenommen. So intensiv, dass ich darüber fast vergaß, meinen Fotoapparat hervorzuholen.

War es nicht zu dunkel zum Fotografieren?

Doch.

Wie hast du dann fotografiert?

Mit Blitz.

Schöne Bilder hat das aber sicher nicht gegeben, oder?

Für ein Selbstporträt und ein Bild des Höhenmessers genügte die Qualität vollauf.

Ja, und das war's dann, ich kehrte um. Jetzt haarklein zu berichten, zu welcher Zeit ich welche Schritte gemacht habe und was ich dabei gedacht oder nicht gedacht habe, macht keinen Sinn, das wird doch langweilig mit der Zeit. Ich war oben und damit fertig. Basta.

Gut, lassen wir den Tawoche, dafür erzählst du mir noch von deinen Klettereien im Eis, die haben wir bis jetzt nämlich total ausgelassen. Du willst nicht? Ich weiß, dass du da ein paar ganz extreme Touren gemacht hast. Solo! Nur schon der Name des Eisfalles: Crack Baby – zweihundert Meter blankes Eis –, den du geklettert bist, ist spannend. Seit deinem Vortrag in der Lenk weiß ich auch, dass du dabei zwei, drei heikle Situationen überwinden musstest. Also, rede!

Uninteressant! Ich finde, es ist uninteressant. Natürlich gäbe es noch viel über Eis zu erzählen, natürlich hätte ich noch viele Touren, die ich loswerden könnte, von Bergen in Patagonien beispielsweise, einer ganz wilden Gegend, oder in Kanada oder Alaska. Aber ich mag keine Auflistungen.

Ich eigentlich auch nicht.

Dann ist ja gut.

Und jetzt, hören wir auf?

Hören wir auf.

Gibt es zum Tawoche wirklich nichts mehr zu erzählen?

Sie empfingen mich, als ich um acht ins Basislager kam, mit einem Kuchen. Dem sogenannten Summit-Kuchen, dem Gipfelkuchen. Das war schön. Aber ich war erschöpft, aß nicht viel und ging dann schlafen. Ich hatte damals ja noch einen rechten Berg vor mir.

Die Ama Dablam, ja. Ist es schlimm, dass du nicht alle drei Gipfel geschafft hast?

Im ersten Moment war es das schon. Aber als ich mich physisch erholt und auch mein psychisches Gleichgewicht wiedergefunden hatte, das ging zum Glück recht schnell, grämte ich mich nicht mehr, sondern freute mich, dass alles so gut gegangen war.

Und, gehst du wieder hin?

In den Himalaja? Aber sicher!

Ich habe eine Vermutung, was dich als nächstes Ziel reizt.

So?

Ja. Aber ich vermute auch, dass du das nicht öffentlich machen willst.

Nein, bitte nicht. Sonst setze ich mir Druck auf. Und mit Druck geht nichts.

Keine Angst, ich will dich keinem Druck aussetzen; alles, was ich möchte, ist, dass du deine kommenden Abenteuer überlebst.

Das ist nett.

Du würdest fehlen.

Danke, das rührt mich! Weißt du, du könntest auch sagen, der Ueli, der spinnt.

Ich weiß.

Und?

Nun, bevor ich dich kennenlernte, hätte ich das wohl gesagt. Inzwischen sehe ich das etwas anders.

Ich spinne nicht?

Nein, du gehst das Risiko Leben nur sehr viel intensiver ein als die meisten anderen, weil …

… weil es sich so gut anfühlt, das Leben. Und – mehr noch – weil Träume gelebt werden wollen.

Nicht morgen.

Nein, nicht morgen. Es geht um das Heute! Den Moment. Um das Jetzt! Wer weiß schon, was morgen ist.

Interviewte Personen

Robert Bösch, Fotograf, Bergführer und dipl. Geograf, ist seit über 20 Jahren als freischaffender Berufsfotograf tätig mit dem Spezialgebiet Outdoor- und Actionfotografie. Er arbeitet für Magazine und Zeitschriften (u.a. Stern, Geo, National Geographic Adventure, Spiegel, Schweizer Illustrierte) und ist Autor zahlreicher Bildbände. Mit dem Buch »Bergsteigen – Verlockung des Ungewissen« gewann er den Internationalen Bergbuchpreis. Seine Reisen und Expeditionen führten ihn auf alle Kontinente, wo er an bekannten und weniger bekannten Bergen unterwegs war. 2001 bestieg er für einen Auftrag als Fotograf und Kameramann den Mount Everest. In den letzten Jahren dokumentierte er viele der Extremtouren von Ueli Steck. www.robertboesch.ch

Michel Darbellay

Oswald Oelz

Glossar

Abseilen
Sich ohne Hilfe einer anderen Person über einen Achter, der als Bremsvorrichtung dient, an einem Seil, das an einem Stand fixiert ist, herunterlassen.

Achter
oder **Abseilachter**
Sicherungsvorrichtung aus Metall zum Abseilen und Sichern.

Alpinstil
Besteigung eines Berges in Eigenverantwortung und ohne fest installierte Seile (Fixseile). Das mitgenommene Material tragen die Alpinisten dabei selbst.

Ausstieg
Das Ende einer Route.

Ausstiegsriss
Markante Risslinie, die zur Gipfelflanke führt.

Bandschlinge

Schlinge für vielfältige Absicherung.

Biwak
Behelfsmäßige Übernachtungseinrichtung im Freien am Berg ohne Zelt.

Biwaksack
Ein winddichter, meist auch wasserdichter Sack, der als Außenhülle für den Schlafsack verwendet wird. Er wird in Ausführungen für eine oder zwei Personen gefertigt und vorwiegend beim Bergsteigen, Klettern oder Trekking benützt.

Bohrhaken
Haken, der in einem zuvor gebohrten Loch verankert wird und dem Bergsteiger als zuverlässige Sicherung im Fels dient.

Bolt
Englisch für Bohrhaken.

Bouldern
Klettern kurzer Strecken in einer Höhe, die ein Abspringen erlaubt, weshalb ohne Seilsicherung geklettert wird.

Cliff
Ein Metallbügel, der über eine kleine Felsleiste gelegt wird und an den man eine Schlinge bindet, die dann als Trittleiter benutzt werden kann.

Dach
Bezeichnung für eine flache, überhängende Felsformation.

Direttissima
Die direkteste Route durch eine Wand.

Dülfer-Sitz
Vom Bergsteiger Hans Dülfer erfundene Abseilmethode, bei welcher das Seil in einer ganz bestimmten Art und Weise um den Körper gelegt wird, um die Abseilgeschwindigkeit kontrollieren zu können.

Einstieg
Der Beginn einer Route.

Eishaken oder **Eisschrauben**
Früher wurden zu Sicherungszwecken im Eis Eishaken eingesetzt, heute benutzt man dazu Eisschrauben, die sich fest ins Eis schrauben lassen.

Eisklettern
Klettern an gefrorenen Wasserfällen oder -läufen. Mittlerweile gibt es auch künstlich hergestellte Eisklettertürme. Geklettert wird mit Steigeisen an den Schuhen und zwei Eispickeln in den Händen. Zum Absichern werden Eisschrauben benutzt.

Eispickel
Gerät, das aus einem Schaft und einer Haue mit Zackenschliff geschmiedet ist.

Expeditionsstil
Die Begehung eines Berges in einer Gruppe und unter Zuhilfenahme von Tonnen von Material und Fixseilen. Expeditionsstil setzt eine generalstabsmäßige Planung voraus.

Expeditionsschuh

Mehrschichtiger Schuh, der sich aus einem bequemen, leichten Thermoinnenschuh, einer Kunststoffschale und einer wasserdichten Neoprengamasche zusammensetzt.

Expressschlinge

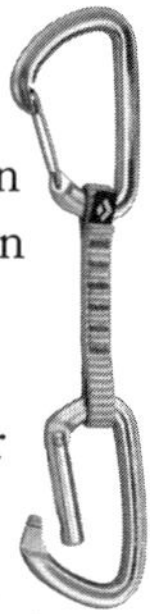

Zwei Schnappkarabiner, die mit einer kurzen Bandschlinge verbunden sind. Sie werden für Zwischensicherungen benutzt. Dabei wird der eine Karabiner in den Bohrhaken gehängt. In den zweiten wird das Seil eingehängt.

Felshaken

In natürliche Felsrisse geschlagene Normalhaken.

Fixseil

Fest installierte Seile, an denen man hochjümaren kann.

Free solo

Alleine klettern ohne jegliche Sicherungsmöglichkeit.

Friends

Flexible Sicherungsvorrichtung aus metallischen Segmenten, die sich in Rissen und Löchern verspreizt. Friends werden in Routen benötigt, wo ansonsten keine oder nur wenige Haken vorhanden sind.

Halbmastwurf

Der Halbmastwurf ist ein Knoten, der wegen seiner Bremswirkung zum Sichern benutzt wird.

Haulbag

Großer Sack, in dem Material nachgeschleppt werden kann.

Jümaren

Dieser Begriff leitet sich von der Schweizer Firma Jümar ab, die die gleichnamigen Steigklemmen auf den Markt gebracht hat, mit deren Hilfe ein Alpinist am Seil aufsteigen kann.

Karabiner

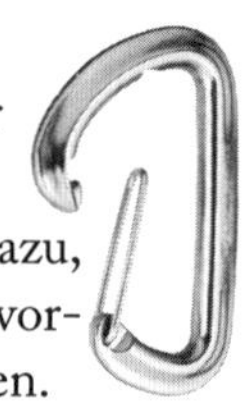

Metallring mit einer Schnappöffnung.
Er dient vor allem dazu, Seil und Sicherungsvorrichtung zu verbinden.

Klemmkeil
Keilförmiges Sicherungsmittel aus Metall, das in einen Riss gesteckt werden kann, wenn keine oder nur wenige Haken vorhanden sind.

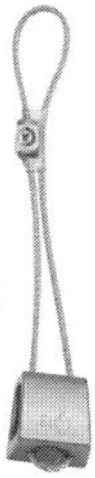

Kletterfinken
Sehr eng anliegender Schuh aus Leder oder einem synthetischen Stoff mit einer Gummisohle, die mit der profillosen Gummierung in der Formel 1 vergleichbar ist.

Klettergurt
Sicherungsausrüstung, die beim Klettern oder Bergsteigen am Körper getragen wird und an welcher – mit Hilfe des Achterknotens – das Seil angebunden wird. Der Klettergurt fängt die Sturzkräfte auf und verteilt sie dosiert auf den ganzen Körper.

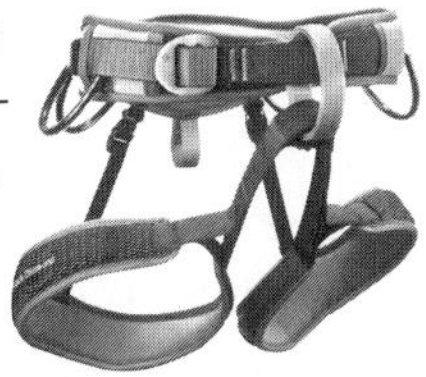

Magnesium
Weißes Pulver (Magnesiumkarbonat), das – wie auch beim Kunstturnen – zum Trockenhalten der Hände dient.

Mehrseillängen-Route
Kletterroute, die mindestens aus zwei Seillängen besteht.

Mixed Route

Klettern in einer Route, die durch Fels und Eis führt.

Nachstieg
Begehung einer Kletterroute mit Seilsicherung von oben durch den vorausgestiegenen Kollegen.

No-Hand-Rest
Der Fels bietet einem geübten Kletterer ab und zu die Gelegenheit, sich nur mit Hilfe von Knien und/oder eng an den Berg gepresstem Körper auszuruhen. Die Hände können losgelassen und die Arme zur Erholung ausgeschüttelt werden.

Normalhaken
Siehe Felshaken.

Portaledge
Eine Hängematte, über die ein Zelt gestülpt wird und die, an einem einzigen Sicherungspunkt befestigt, in der Felswand hängt.

Queren
Horizontales Sichfortbewegen in einer Wand.

Rotpunkt-Klettern
Beim Rotpunkt-Klettern hängt man das Seil zur Sicherung zwar ein, ruht sich aber nie daran aus. Pausen sind nur in Stellungen erlaubt, in denen man sich an der natürlichen Struktur des Felsens selbst halten kann (oft mit einem sogenannten No-Hand-Rest). In Kletterkreisen gilt eine Route erst dann als »geknackt«, wenn sie Rotpunkt begangen werden konnte. An einem Stand darf die Sicherungskette dann belastet werden.

Sanduhr
Felsgebilde, das einer Sanduhr ähnelt. Sanduhren können entweder als Griff oder als Zwischensicherung benutzt werden, indem man eine Schlinge um sie legt.

Schlüsselstelle
Schwierigste Stelle oder Passage in einer Kletterroute.

Seillänge
Strecke zwischen zwei aufeinanderfolgenden Standplätzen.

Seilschaft
Der Begriff Seilschaft wird in allen Bergsportdisziplinen (Klettern, Hochtouren etc.) gebraucht. Er bezeichnet die durch ein Seil miteinander verbundenen Personen. Beim Sportklettern sind dies in der Regel zwei. Beim alpinen Klettern sind auch Dreier-, Vierer- oder Fünferseilschaften möglich.

Sichern
Ständiges und aufmerksames Führen des Seils, das im Falle eines Sturzes des Vorsteigers bzw. eines Abrutschens des Nachsteigenden sofort festgehalten werden muss.

Sicherungspunkte oder **Zwischensicherung**
Sicherungen, die sich zwischen zwei Standplätzen befinden. Sie haben die wichtige Aufgabe, die Sturzlänge des Vor-

steigenden zu reduzieren. Als Zwischensicherungen können künstliche und natürliche Sicherungspunkte dienen. Zu den künstlichen Sicherungspunkten gehören gebohrte oder geschlagene Haken und/oder selbst anzubringende Sicherungen wie beispielsweise Friends.

Solo
Auf sich allein gestelltes Klettern im Klettergurt mit zeitweiser Selbstsicherung am mitgebrachten Seil.

Soloist
Gerät zur Selbstsicherung. Lässt beim Klettern automatisch das Seil nachgleiten und hat einen beschleunigungsempfindlichen Haltemechanismus.

Sportklettern
Im Gegensatz zum klassischen alpinen Klettern, wo das Besteigen eines Berges im Vordergrund steht, findet Sportklettern in der Regel in Routen zwischen zehn und dreißig Metern statt. Diese befinden sich an einem einzelnen Felsen und sind meist mit fix angebrachten Haken in kurzen Abständen abgesichert.

Stand oder **Standplatz**
Ein Stand besteht meist aus zwei Fixpunkten (bei Ueli ist es oft nur einer) und dient der Selbstsicherung oder dem Nachholen des Nachsteigenden, falls man zu zweit ist.

Standbohrhaken
Fest angebrachte Haken bei Standplätzen.

Statikseil

Seil mit geringer Dehnung aus hundert Prozent Polyamid, das ausschließlich beim technischen Klettern eingesetzt wird. Es dient zum Jümaren und darf nicht durch Stürze belastet werden.

Steigeisen
Ausrüstungsgegenstand für hochalpines Klettern im Eis. Steigeisen sind Metallzacken, die mit einem Bindungssystem am Bergschuh festgeschnallt werden. Die je nachdem zehn oder zwölf Zacken bieten im Eis festen Halt.

Steigklemmen
Spezielles Gerät, das sich am Seil festklemmt. Mit der Steigklemme kann der Bergsteiger am fixierten Seil bequem (findet zumindest Ueli) aufsteigen.

Technisches Klettern
Eine spezielle Form des Felskletterns, bei der Hilfsmittel wie Haken und Klemmkeile nicht nur zum Sichern, sondern auch zur Fortbewegung benutzt werden. Um weiterzukommen, sind handwerkliches Geschick und athletische Fähigkeiten in äußerst luftigen Positionen sowie einige Kilos an Material notwendig.

Top-Rope-Klettern
Klettern an einem Seil, das am Routenende durch einen Umlenkpunkt gezogen ist; das Seil wird vom Sichernden immer straff angezogen. Abstürze sind bei richtiger Handhabung unmöglich. Das Top-Rope-Klettern ist die ungefährlichste Art, zu klettern.

T-Shirt ausziehen und in die Tiefe schmeißen
Für Ueli das Doping schlechthin – bringt ihm immer den gewünschten Erfolg!

UIAA-Skala
(= Union Internationale des Associations d'Alpinisme) Die UIAA ist die internationale Dachorganisation der alpinen Verbände. Sie legt – meist international anerkannte – Standards fest. Darunter auch die Schwierigkeitsskala im Sportklettern. Sie beginnt bei 1 und ist nach oben offen. Momentan geht sie bis 11+. Die Zeichen – und + erlauben eine Feinabstimmung.

Vorstieg
Klettern als Seilerster. Der Kletterer ist nicht wie beim Nachstieg von oben gesichert, sondern muss das Seil selbst in die – zumindest beim Sportklettern meist bereits vorhandenen – Zwischensicherungen einhängen.

Yosemite
Für Sportkletterer das ganz große Kletterparadies in Kalifornien.

Literatur

Anker, Daniel: Eiger: Die vertikale Arena. AS Verlag, Zürich 2000, 3., überarbeitete Auflage.

Baumann-von Arx, Gabriella: Evelyne Binsack – Schritte an der Grenze. Werd Verlag, Zürich 2002, 2. Auflage, vergriffen. Erhältlich als Taschenbuch im Frederking & Thaler Verlag, München 2004.)

Harrer, Heinrich: Die Weiße Spinne. Das große Buch vom Eiger. Ullstein, Berlin 1999, 2. Auflage.

Hiebeler, Toni: Combats pour l'Eiger. Edition Arthaud, Paris 1965, 1. Auflage, vergriffen.

Oelz, Oswald: Mit Eispickeln und Stethoskop. AS Verlag, Zürich 2002, 6. Auflage.

Perwitzschky, Olaf: Klettern. Alles über Ausrüstung, Technik, Training und Sicherheit. BLV Verlagsgesellschaft mbH, München 2003, 1. Auflage.

Hilfreich waren zudem folgende Websites:

http://de.wikipedia.org
http://www.huberbuam.de
http://www.humar.com
http://www.kletterzentrum.com
http://www.robertboesch.ch
http://www.uelisteck.ch
http://www.wolfgangguellich.com

Gipfelwärts mit dem größten lebenden Bergsteiger der Welt

Reinhold Messner

Mount Everest

Expeditionen zum Endpunkt

Die Hommage an den Mythos Everest mit der packenden Schilderung von Messners Erstbesteigung »by fair means«.

Reinhold Messner

Sturm am Manaslu

Drama auf dem Dach der Welt

Der Bergthriller über Messners zweite Achttausenderbegehung – eines der größten Dramen im Himalajabergsteigen.

Reinhold Messner

Annapurna

Expeditionen in die Todeszone

Das mitreißende Porträt des risikoreichsten Berges im Himalaja – von der sensationellen Erstbesteigung bis zur Gegenwart.

MALIK NATIONAL GEOGRAPHIC

10/1046/02/3s

Naturgewalten

Stefan Krücken/Achim Multhaupt
Orkanfahrt
26 Kapitäne erzählen ihre besten Geschichten

»Ein Prachtband! Ein Buch für alle, die sich fürs Meer interessieren! Deftige, lehrreiche, spannende Geschichten.« WDR

Martin Strel/Matthew Mohlke
Der Amazonas-Schwimmer
5200 Kilometer durch den gefährlichsten Fluss der Welt

Martin Strel durchschwimmt als erster Mensch den gesamten Amazonas und bringt seinen Körper an die Grenzen dessen, was ein Mensch ertragen kann.

Carla Perrotti
Die Wüstenfrau
An den Grenzen des Lebens

Carla Perrotti durchwandert allein die Kalahari und die größte Salzwüste der Erde in Bolivien und findet unter den überwältigenden Eindrücken der Natur zu sich selbst.

MALIK NATIONAL GEOGRAPHIC

10/1005/03/3s